RECHERCHES THÉORIQUES ET PRATIQUES

SUR LA

VALEUR NUTRITIVE

DES FOURRAGES

ET D'AUTRES SUBSTANCES

DESTINÉES A L'ALIMENTATION DES ANIMAUX

RECHERCHES THÉORIQUES ET PRATIQUES

SUR LA

VALEUR NUTRITIVE

DES FOURRAGES

ET D'AUTRES SUBSTANCES

DESTINÉES A L'ALIMENTATION DES ANIMAUX

Par J.-Isidore PIERRE

Officier de la Légion d'honneur
Membre correspondant de l'Institut (section d'économie rurale)
Doyen et Professeur de chimie générale et de chimie appliquée à l'agriculture près la
Faculté des sciences de Caen
Secrétaire de la Société d'agriculture et de commerce, et Vice-Président
de la Chambre consultative d'agriculture de Caen
Membre correspondant de la Société centrale d'agriculture
de France, etc.

—

QUATRIÈME ÉDITION
Revue et augmentée

—

PARIS

LIBRAIRIE CENTRALE D'AGRICULTURE ET DE JARDINAGE

RUE DES ÉCOLES, 62 (ancien 82), PRÈS LE MUSÉE DE CLUNY

— Auguste GOIN, éditeur —

Lorsque j'essayai de développer pour la première fois, dans mon *Cours de chimie appliquée à l'agriculture*, le programme qui m'était tracé sur cette matière, comme texte de mes leçons, par M. le Ministre de l'agriculture, du commerce et des travaux publics, je ne tardai pas à m'apercevoir qu'il existait de nombreuses lacunes dans la partie de la science agronomique relative aux fourrages et aux substances qui constituent la base habituelle de l'alimentation du bétail.

Je viens aujourd'hui, *pour la quatrième fois*, soumettre aux agronomes praticiens les résultats de mes études et de mes recherches sur cette importante question.

Le bienveillant accueil fait aux trois premières éditions de ce petit ouvrage m'a prouvé qu'il remplissait à peu près le but que je m'étais proposé, et qu'il répond à un besoin réel pour les personnes qui s'intéressent à l'économie du bétail.

J'ai fait tout mon possible pour le rendre de plus en plus digne de l'indulgence avec laquelle il a été accueilli ; néanmoins, je solliciterai toujours, comme une faveur, les critiques éclairées de toutes les personnes qui se sont occupées de ces délicates questions, parce que ces critiques me prouveraient que je ne me suis pas complétement trompé, en attachant quelque importance à des travaux qui ne peuvent avoir de valeur réelle qu'autant qu'ils auront obtenu l'assentiment des bons praticiens.

Février 1872.

INTRODUCTION

Si l'on compare les progrès de l'agriculture à ceux de l'industrie, surtout depuis environ trois quarts de siècle, il est facile de reconnaître que le progrès agricole a toujours été lent à se manifester, tandis que le progrès industriel a bien souvent marché avec une étonnante rapidité.

Il ne saurait entrer dans nos vues d'approfondir les causes de cette différence; cependant, il peut être intéressant et utile d'en signaler au moins quelques-unes, afin de reconnaître s'il est possible de les faire disparaître un jour, ou du moins d'atténuer leurs effets différentiels.

Le champ d'études de l'industriel est habituellement circonscrit; les circonstances qui sont de nature à favoriser ou à entraver sa production, sont presque toujours nettement définies. Lorsqu'il est une fois en possession de la matière première, ses machines, ses moteurs, ses ouvriers, sous la tutelle d'une sage direction et d'une attention vigilante, lui donneront, à jour fixe, les produits qu'il est en droit d'en attendre, sous la forme et suivant la quantité qu'il désire.

L'agriculteur, au contraire, eût-il rempli toutes les conditions désirables, n'est pas toujours sûr du succès : un hiver intempestif, un printemps trop sec, un été humide, un orage, un coup de vent, la multiplication accidentelle de te ou tel insecte. suffiront trop souvent pour paralyser ses efforts les plus intelligents, pour déjouer ses combinaisons les mieux conçues.

Nous pourrions encore insister sur ce point, tout à l'avantage de l'industriel, que la possibilité de produire dans un très-court espace. de temps, lui permet de rentrer plusieurs fois par an dans ses avances de capitaux : cette circonstance multiplie ainsi les chances de bénéfices.

L'agriculteur, au contraire, ne produit en général qu'une fois par an, et des empêchements naturels, qu'aucune puissance humaine ne saurait surmonter, s'opposent à ce qu'il puisse jamais faire autrement.

Voilà pour le côté matériel de la comparaison.

Si nous examinons maintenant les tendances individuelles de ces deux grandes sources de prospérité publique; si nous comparons les secours qu'elles s'efforcent de tirer en dehors d'elles-mêmes, nous voyons l'industrie constamment aux aguets, prête à s'emparer de toutes les découvertes de la science pour en faire son profit; nous la voyons provoquer, par de puissants encouragements, les découvertes qui peuvent la mettre à même soit de fabriquer mieux, soit de produire à meilleure marché, soit de réaliser des productions entièrement nouvelles.

En un mot. il existe entre la science et l'industrie des liens d'intimité qui se resserrent chaque jour d'avantage.

C'est à peine, au contraire, si l'agriculture commence à comprendre, aujourd'hui. l'utilité des études scientifiques; c'est à peine si elle se fait une idée des secours qu'elle en pourrait tirer, pour l'aider à sortir de ce monde si peu connu, au milieu duquel elle a fait le plus souvent de vains efforts pour entrer dans des voies nouvelles plus rationnelles, mais où l'attend encore trop souvent l'inconnu.

On peut dire qu'en général l'agriculture est en retard d'un quart de siècle par rapport à l'industrie.

Demandez à l'industriel des explications sur toutes les opérations qu'il pratique; si vos questions ne sont pas indiscrètes, s'il n'a pas à redouter la divulgation de procédés nouveaux de nature à lui assurer sur ses concurrents une importante supériorité, il pourra vous donner pleine satisfaction, vous faire comprendre la raison d'être de chaque chose, et vous montrer comment, dans ses ateliers, tout s'enchaîne et *conduit à un résultat prévu d'avance.*

Demandez au contraire, à l'agriculteur, la raison de la plupart des pratiques auxquelles il se livre ; adressez-vous au plus habile : il vous répondra, ou vous laissera comprendre, qu'elles lui ont été transmises par ses devanciers. Sa science est une sorte de religion traditionnelle, hors de laquelle il ne voit que péril et que ruine. Sa longue expérience et sa haute intelligence ont pu le conduire à quelques améliorations ; mais la plupart de vos questions resteront sans réponse, faute de données précises.

Nous n'avons pas le droit d'affirmer d'avance que l'intervention de la science, que celle de la chimie en particulier, permettrait de résoudre toutes ces questions dans un avenir très-prochain ; mais ce qui nous permet de concevoir quelques espérances, c'est que, dans les relations qui sont déjà établies, sur quelques points déterminés, entre la science et l'agriculture, des résultats remarquables ont déjà été obtenus : *la pratique et la théorie se sont mutuellement éclairées.*

Encourageons tous cette tendance pleine d'avenir, cette confiance réciproque sans laquelle il n'y a guère de succès possible.

Que l'agriculture appelle aussi à son aide le puissant concours de ces connaissances qui ont fait la fortune de l'industrie ! Qu'elle provoque et qu'elle encourage aussi, par tous les moyens possibles, les recherches qui peuvent éclairer ses opérations, activer ses progrès !

La science est accoutumée, depuis plus d'un demi-siècle, à répondre à tous les appels qui lui sont faits ; cette fois encore, la voix de l'intérêt public lui ferait faire de nouveaux miracles. Mais il ne faut pas oublier que nous avons

1.

à résoudre des problèmes très-compliqués, nécessitant de longues et pénibles recherches ; le concours du savant et celui du praticien seront également nécessaires pour expliquer, pour contrôler tous les résultats déjà connus, pour modifier les pratiques anciennes, pour en substituer de nouvelles à celles qui seront reconnues défectueuses.

Pour bien comprendre les questions relatives à l'alimentation des animaux domestiques, à quelque point de vue qu'on se place, il est indispensable de se faire d'abord une idée générale des conditions principales d'une bonne alimentation ; il est également nécessaire de se faire une idée aussi nette que possible de la nature, de la composition et de la valeur relative des substances destinées à la nourriture des animaux ; car il paraît difficile, sans cette connaissance préalable, de pouvoir faire, avec quelque chance de succès, soit un choix parmi les substances alimentaires, soit diverses combinaisons de plusieurs d'entre elles pour un but déterminé.

Ces deux questions doivent donc les premières appeler notre attention ; et c'est à leur étude, à la seconde surtout, qu'est destiné cet essai pour lequel je sollicite toute l'indulgence du lecteur. L'étude de la première a fait l'objet d'une autre publication distincte intitulée : *De l'Alimentation du bétail, au point de vue de la production, du travail, de la viande, de la graisse, de la laine, des engrais et du lait.*

RECHERCHES THÉORIQUES ET PRATIQUES

SUR LA

VALEUR NUTRITIVE

DES FOURRAGES

ET D'AUTRES SUBSTANCES

DESTINÉES A L'ALIMENTATION DES ANIMAUX

PREMIÈRE PARTIE

CHAPITRE PREMIER

De l'alimentation en général

Tout animal vivant ne peut se maintenir dans un état normal de force et de santé, qu'en absorbant chaque jour une certaine quantité de nourriture.

Cette nourriture est destinée à réparer les pertes occasionnées par la respiration et par les sécrétions ou excrétions diverses; en un mot, par l'accomplissement de la plupart des fonctions qui entretiennent ou accompagnent la vie.

Si l'animal n'est pas encore adulte, ou s'il est destiné à l'engraissement, la nourriture qu'il consomme doit servir encore à contribuer à l'accroissement de sa taille ou de son poids.

L'ensemble des circonstances qui accompagnent l'alimentation, comme la nature et la quantité des aliments, la manière dont ils sont préparés et administrés, constitue ce qu'on appelle ordinairement le *régime alimentaire*.

La quantité d'aliments consommés dans un laps de temps déterminé, dans l'espace de vingt-quatre heures, par exemple, constitue ce qu'on est convenu d'appeler une *ration*.

Lorsqu'un animal adulte est soumis à un régime alimentaire bien défini, et qu'il se trouve à l'état de repos, ou dans des conditions d'exercice extrêmement modéré, il peut se présenter plusieurs cas :

— Ou bien le poids et l'état de vigueur de l'animal se maintiennent sensiblement dans la même situation ; la ration alimentaire qu'il consomme alors a reçu le nom de *ration d'entretien ;*

— Ou bien, sous l'influence de l'alimentation qu'il reçoit, l'animal augmente de poids, soit en viande, soit en graisse ; ou bien, il est devenu capable de produire chaque jour une certaine quantité de travail ou de lait, sans que son état normal de santé et d'embonpoint éprouve d'altération notable : dans ce cas, la ration totale d'aliments qu'il consomme peut se décomposer en deux parties : l'une qui le maintient dans son état normal, l'autre qui détermine et alimente la production de la viande, de la graisse, de la laine, du travail ou du lait.

On a conservé à la première partie le nom de *ration d'entretien ;* on a donné à la seconde le nom de *ration supplémentaire de production.*

Ainsi, la production du travail, la production de la viande, celle de la graisse, celle de la laine, celle du lait, et le développement du fœtus chez les femelles, exigent une ration supplémentaire, sans laquelle la production de la viande et de la graisse sont impossibles, sans laquelle la production du travail, celle du lait, le développement du fœtus ne peuvent avoir lieu qu'aux dépens de l'embonpoint de l'animal d'abord, et bientôt, aux dépens de sa santé.

En d'autres termes, pour qu'un animal adulte puisse produire, il faut qu'il trouve dans sa ration journalière, outre les éléments nécessaires pour réparer les pertes qu'il éprouverait à l'état de repos improductif, d'autres éléments indispensables pour son accroissement en poids, ou pour la réparation des pertes supplémentaires qu'il éprouve par suite des produits qu'on exige de lui.

Si la ration quotidienne est insuffisante pour réparer ces pertes de toute nature, l'animal diminue de poids graduellement, ce qui entraîne bientôt une altération dans sa santé, une diminution dans ses produits.

La diminution de poids serait d'autant plus rapide, que l'insuffisance de la ration serait plus prononcée.

Lorsqu'un animal se trouve soumis ainsi à une espèce de *diète*, c'est la graisse qui disparaît d'abord ; ensuite, le système musculaire s'amoindrit ; les fonctions de l'organisme se ralentissent ; l'animal se refroidit peu à peu, et, si cet état se prolonge suffisamment, il meurt.

L'expérience nous a appris, et c'est un fait bien important à noter, qu'il faut à un animal affaibli par une nourriture insuffisante, bien plus de temps pour revenir à son état primitif, qu'il n'en a fallu pour le détériorer ; il faut, pour le ramener à son état normal primitif, un supplément de nourriture bien supérieur à l'économie qu'on a pu faire en réduisant sa ration.

C'est là l'explication du peu de produit que l'on retire du bétail, dans les pays où l'agriculture est misérable et où le cultivateur, mesurant trop parcimonieusement la nourriture pendant une partie de l'année, se prive de produits que l'on obtient ailleurs en abondance et au prix de moins grands sacrifices (1).

---

(1) *Voir*, pour plus de détails, notre ouvrage *De l'Alimentation du bétail considérée aux divers points de vue de la production de la viande, de la laine, du travail, de la graisse et du lait* (4ᵉ édit.).

CHAPITRE II

Phénomènes généraux de l'assimilation des aliments

Lorsque les aliments ont été ingérés dans l'estomac, ils y éprouvent l'altération connue sous le nom de *digestion*.

Une partie de ces aliments échappe à l'acte de la digestion, et est expulsée par l'extrémité inférieure du canal intestinal, après avoir été plus ou moins modifiée, plus ou moins altérée.

Des parties digestibles absorbées, les unes, solubles, sont portées directement de l'estomac dans le sang déjà en circulation; les autres, changées successivement en *chyme*, puis en *chyle*, pénètrent dans les nombreux vaisseaux capillaires (1) du canal digestif, où elles ne tardent pas à être assimilées, à se transformer en sang destiné à remplacer celui que la res-

---

(1) Ces petits vaisseaux sont appelés *capillaires*, parce que leur diamètre intérieur peut être comparé, à raison de sa petitesse, à celui d'un cheveu (appelé en latin *capillus*).

piration détruit d'une manière incessante pendant toute la durée de la vie.

C'est par le sang que sont transportés, dans les tissus de tous les organes, les principes nécessaires à leur entretien et à leur développement, c'est également par le sang, que sont généralement éliminés les principes dont le séjour dans l'organisme pourrait être une cause de perturbation et de désordres.

Le sang est donc, pour l'animal, un fluide à la fois réparateur et épurateur. Aussi, tout ce qui se rapporte à son action dans les phénomènes de la vie, tout ce qui se rapporte à sa continuelle destruction, à son continuel renouvellement, est de la plus haute importance et du plus grand intérêt.

L'énergie avec laquelle fonctionnent les différents organes, est ordinairement en rapport avec la vitesse avec laquelle s'y meut le sang, pour remplir le double rôle que nous venons de lui attribuer.

Dans la plupart des animaux dont l'entretien et la conservation importent le plus à l'agriculture, il existe un organe spécial, le *poumon*, où le sang revient périodiquement subir l'influence vivifiante de l'oxygène de l'air, en circulant continuellement dans une direction constante, par l'effet d'une force d'impulsion dont le siége est dans le *cœur*.

CHAPITRE III

De la respiration

Les phénomènes chimiques qui s'accomplissent pendant l'acte de la respiration, jouent un si grand rôle dans la vie animale, ils ont une telle connexion avec l'alimentation en général, qu'ils méritent de notre part une attention toute spéciale ; et si nous ne pouvons, sans sortir un peu de notre sujet, en faire une étude complète, nous devons au moins nous arrêter sur ceux de ces phénomènes qui peuvent jeter quelque lumière sur les questions dont nous allons nous occuper.

Chaque mouvement d'*inspiration* fait pénétrer dans le poumon un certain volume d'air, variable avec l'espèce des animaux, variable avec la taille ou avec l'âge dans les animaux d'une même espèce, suivant qu'ils sont adultes ou aux diverses périodes de leur accroissement ; ce volume d'air dépend, en un mot, de la capacité totale formée par la somme des capacités partielles des nombreux canaux ramifiés du poumon.

Au bout d'un temps assez court, et un peu variable suivant les circonstances de repos ou de mouvement, de santé ou de maladie, etc., cet air est en partie expulsé; mais il a sensiblement changé de nature; sa richesse primitive en *oxygène* (1) a diminué, tandis qu'au contraire il est devenu plus riche en *acide carbonique*. C'est que, pendant le contact de l'air avec le sang dont le poumon est imbibé, une partie de l'oxygène de l'air inspiré a été absorbée par le sang, et que celui-ci a exhalé de l'acide carbonique formé aux dépens du *carbone*, qui est un de ses éléments constitutifs.

L'expérience a depuis longtemps appris que le volume de l'acide carbonique ainsi exhalé est un peu moindre que celui de l'oxygène absorbé. Les volumes devraient, au contraire, être rigoureusement égaux, si tout cet oxygène était employé à transformer en acide carbonique une partie du carbone du sang. Une portion notable de l'oxygène s'unit, dans le sang, à de l'*hydrogène*, qui est aussi un de ses éléments constitutifs; il en résulte de la vapeur d'eau qui s'ajoute à celle dont le dégagement a lieu pendant la transpiration pulmonaire.

Les phénomènes que nous venons de rappeler ont la plus grande analogie avec les *combustions* que nous

---

(1) *Voir*, pour l'explication des propriétés de l'*oxygène*, du *carbone*, de l'*acide carbonique* et de l'*hydrogène*, les **Leçons de chimie agricole**, 4e édition, p. 14, 16 et 41.

produisons chaque jour, soit pour nous éclairer, soit pour nous chauffer; les produits principaux qui en résultent sont les mêmes dans les deux cas : de l'acide carbonique et de la vapeur d'eau. *La respiration peut donc être assimilée à une véritable combustion.*

Mais nous savons que, dans toute combustion, il y a production d'une plus ou moins grande quantité de chaleur; nous sommes donc ainsi conduits à considérer la respiration comme la principale source, si ce n'est la seule source de la chaleur animale.

On se fera une idée de la puissance calorifique de cette combustion animale naturelle, en se rappelant qu'un seul gramme de carbone, en brûlant dans l'oxigène, fournirait assez de chaleur pour porter à l'ébullition plus de 93 grammes d'eau prise dans les circonstances ordinaires de température; et que la combustion de 1 gramme d'hydrogène, produirait assez de chaleur pour faire bouillir plus de 400 grammes de la même eau (1).

Si nous ajoutons, maintenant, qu'un cheval de taille moyenne brûle, en vingt-quatre heures, par sa respiration, l'équivalent d'environ 1800 grammes de carbone, on comprendra l'énorme quantité de chaleur qui en résulte, puisqu'elle suffirait pour faire entrer en ébullition plus de 170 kilogrammes d'eau

---

(1) On suppose cette eau prise à la température de 15 degrés centigrades.

supposée originairement à la température de 15 degrés centigrades.

On peut concevoir, au seul souvenir de ces nombres, comment la respiration peut réparer, à chaque
instant, les pertes de chaleur qu'éprouve un animal,
soit sous l'influence de l'air extérieur, toujours plus
froid que lui, soit sous l'influence de la transpiration,
qui lui enlève aussi une grande quantité de chaleur.

Nous aurons plus d'une fois à revenir, dans la
suite, sur les conséquences de ces phénomènes de
combustion, dont l'intensité, ainsi que celle de la
chaleur qui en est le résultat, sont en rapport avec la
rapidité de la circulation du sang chez les animaux.

Les espèces d'animaux chez lesquels la respiration
est la plus active, sont précisément celles dont la
température naturelle est la plus élevée. Lorsque,
chez un même individu, la respiration devient plus
ample, ou plus fréquente et plus active, lorsque la
circulation du sang devient plus rapide, sa température s'élève d'une manière sensible, comme on
peut le reconnaître aisément dans certains cas de
fièvre ou d'exercice violent.

La température de tous les animaux domestiques,
celle de presque tous les animaux connus, est généralement supérieure à celle de l'air environnant; ils
sont donc soumis à une cause permanente de refroidissement qu'il est possible de *mesurer*. D'un autre
côté, je viens de rappeler les nombres trouvés par
les physiciens et par les chimistes comme expression,
comme mesure de la quantité de chaleur produite

par la combustion de carbone et par celle de l'hydrogène en présence de l'oxygène; en comparant
entre eux ces deux ordres de résultats, on est arrivé
à cette conséquence remarquable, que la quantité de
chaleur cédée par un animal, soit à l'air, soit au
corps qui l'environne, et aux matières qui sont ex-
pulsées de son corps sous une forme quelconque, est
sensiblement égale à celle qui se produit, pendant le
même temps, dans l'acte de la respiration, par la
combustion de deux des éléments constitutifs de son
sang (le carbone et l'hydrogène).

La quantité de carbone brûlée par la respiration
est, proportionnellement au poids des individus, plus
grande pour les jeunes animaux que pour les
adultes; plus grande aussi, à égalité de développement, dans l'animal vigoureux, que dans l'animal
chétif et décrépit.

Elle est plus grande aussi à l'état de veille que
pendant le sommeil.

Pour un même animal, elle varie beaucoup suivant l'exercice qu'il prend ou qu'on lui impose.
Suivant quelques observateurs, la quantité consommée sous l'influence d'un violent exercice, peut être
plus que double de celle qui serait transformée par
le même individu et pendant le même temps, s'il
restait à l'état de repos complet. On explique ainsi
la nécessité d'une nourriture plus abondante pour
l'individu qui travaille que pour celui qui est en
repos.

Enfin, elle varie aussi suivant la saison; sensiblement plus forte en hiver qu'en été, les conditions d'exercice restant à peu près les mêmes.

D'après M. *Boussingault*, une vache laitière de moyenne taille brûle, dans les circonstances ordinaires, l'équivalent d'environ 1700 grammes de carbone par vingt-quatre heures.

Un cheval de taille moyenne, environ 1800 grammes.

Un porc du poids de 60 kilogrammes, environ 660 grammes.

D'après *Jürgensen*, un mouton en brûle, par vingt-quatre heures, l'équivalent d'environ 160 à 180 grammes.

La nature des aliments exerce une influence plus grande que la classe à laquelle appartiennent les animaux, sur la nature des produits de la respiration (1).

Pour une même quantité d'oxygène consommée, la quantité de carbone brûlée sera proportionnellement plus grande avec une alimentation au moyen de substances *féculentes* qu'avec des aliments riches en matières *azotées* et se rapprochant de la constitution de la viande ; la proportion d'hydrogène brûlée par la respiration variera en sens inverse dans les mêmes circonstances.

Enfin, la quantité d'oxygène consommée par la

---

(1) Regnault et Reiset. RECHERCHES SUR LA RESPIRATION, *Ann. de Chimie et de Physique*, 3ᵉ série, t. XXXII.

respiration, toutes choses égales d'ailleurs , est plus considérable chez les individus maigres, mais vigoureux et bien portants, que chez ceux qui sont très-gras.

Quand on compare, dans les animaux d'une même classe, la consommation d'oxygène faite par la respiration, on trouve qu'elle varie beaucoup suivant le poids absolu des individus; elle est proportionnellement plus considérable chez les très-petits individus que chez les gros. Si nous cherchons à remonter aux causes finales de ces différences, nous y retrouvons encore une de ces belles harmonies créées par la Providence pour assurer la conservation des êtres qu'elle a déposés sur cette terre. Un très-petit animal présente aux causes extérieures de refroidissement, une surface beaucoup plus considérable qu'un gros, proportionnellement à son poids ; sa température propre s'abaisserait donc beaucoup plus rapidement, et la chaleur nécessaire à la conservation de son existence deviendrait bientôt insuffisante, si une inspiration plus ample ou plus active, si une combustion plus énergique, ne venait à chaque instant réparer les pertes, et rétablir l'équilibre (1).

Le sang n'est pas détruit complétement dans l'acte de la respiration, pour se dégager en totalité à l'état

_____

(1) *Voir*, pour plus de détails , mon ouvrage : *De l'alimentation du bétail,* etc., 4e édition.

d'acide carbonique ou de vapeur d'eau ; une partie
se transforme en d'autres substances organiques
qui, n'étant pas ou n'étant plus propres à l'assimilation, sont éliminées par les voies urinaires ; une
autre partie est destinée à l'entretien ou à l'accroissement des diverses parties de l'organisme, dans lesquelles le sang va porter la chaleur et la vie.

CHAPITRE IV

Du sang et de ses principes constitutifs

Puisque le sang est l'intermédiaire obligé de la nutrition, la connaissance de ses principes constitutifs doit pouvoir nous fournir des données utiles pour l'étude des questions qui se rapportent à la nature et aux qualités des substances susceptibles d'être employées pour la nourriture des animaux. Il est, en effet, rationnel de penser que les aliments les plus nourrissants devront être ceux qui contiennent les plus fortes proportions de matières analogues aux principes constitutifs du sang.

Lorsqu'on examine le sang à l'aide du microscope, on y reconnaît facilement deux parties distinctes :

L'une est un liquide jaunâtre, transparent, que les physiologistes ont désigné sous le nom de *scrum* du sang;

L'autre est formée de petits corps opaques, arrondis, plus ou moins abondants, colorés, que l'on désigne sous le nom de *globules* du sang. La grosseur et l'abondance de ces globules varient d'une manière

2

sensible suivant les espèces d'animaux ; on a même dit que la richesse en globules sanguins varie d'une manière appréciable, suivant les races d'une même espèce d'animaux.

Au point de vue chimique, le sang contient :

1° De l'*eau*, qui en forme la majeure partie, de 70 à 80 p. 100 ;

2° De l'*albumine* ;

3° De la *fibrine* ;

4° Une matière colorante rouge, qui a reçu le nom d'*hématosine* (cette substance renferme 6 à 7 p. 100 de son poids de fer) ;

5° Des *matières grasses* ;

6° Enfin, des *sels* divers (environ 1,26 à 1,5 p. 100 de son poids), parmi lesquels on trouve beaucoup de *sel marin*, de la *chaux*, de la *magnésie*, de la *potasse*, de la *soude*, beaucoup de *fer*, de l'*acide phosphorique* à l'état de *phosphates*.

Le sang *artériel* diffère par sa couleur du sang *veineux* ; le premier est d'un rouge vermeil, tandis que l'autre, est si foncé qu'il en paraît presque noir. L'analyse chimique n'a pas encore expliqué d'une manière complétement satisfaisante la cause de cette différence de couleur.

Parmi les principes constitutifs du sang, il en est surtout deux, l'albumine et la fibrine, qui, à raison de leur plus grande abondance dans ce fluide et du rôle important qu'on leur attribue dans la nutrition animale, méritent de notre part une étude sommaire toute spéciale.

L'*albumine* est une substance demi-liquide, filante, susceptible de se dissoudre dans l'eau froide ou tiède, qu'elle rend visqueuse.

On la trouve dans la plupart des fluides animaux : c'est elle qui constitue presque exclusivement le *blanc d'œuf*. Chauffée vers 55 degrés du thermomètre centigrade, elle se coagule ordinairement comme nous le voyons dans la cuisson du blanc d'œuf; elle se coagule plus rapidement encore. à la température de l'eau bouillante.

C'est principalement l'albumine contenue dans le sang qui lui communique la propriété de se coaguler par la chaleur, comme le blanc d'œuf.

Beaucoup d'*acides* produisent, à froid, le même effet de coagulation que la chaleur ; et cette propriété a été mise à profit dans l'industrie, afin de rendre moins incommodes pour le voisinage, les fabriques de sang desséché pour engrais.

On donne souvent le nom de *matières albuminoïdes* ou de *matières protéiques* (1) aux substances qui participent plus ou moins des propriétés de l'albumine du blanc d'œuf de poule.

La *fibrine* est une matière que l'on peut extraire du

---

(1) Le nom de *protéique* dérive de celui du dieu *Protée* de la fable antique, à qui l'on attribuait le pouvoir de changer de formes d'une infinité de manières.

Cette qualification a été attribuée aux matières albumineuses, parce que, étant très-rapidement altérables. elles changent facilement de nature, pour donner naissance à des substances nouvelles.

sang en le fouettant au moment où il vient de sortir
de la veine. Elle se rassemble alors en longs filaments,
que l'on peut décolorer en les malaxant sous un filet
d'eau froide. La fibrine retient alors un peu de
graisse, dont on peut la débarrasser au moyen de
l'éther.

La fibrine purifiée est une substance blanche,
flexible, qui retient, à l'état frais, environ 30 p. 100
d'eau, qu'une chaleur ménagée peut lui enlever sans
l'altérer. Une fois desséchée, elle acquiert une apparence cornée ; elle peut reprendre au contact de
l'eau son humidité et sa souplesse primitives.

La fibrine, l'albumine et la graisse, constituent les
éléments les plus abondants de la viande, dont la
fibrine est le principe dominant.

L'albumine, étant un des principes constitutifs du
sang, doit jouer dans l'alimentation et la nutrition
un rôle important. Nous pourrons nous former une
idée de cette importance, en songeant au développement du poulet dans l'œuf : toutes ses parties, chair,
sang, plumes, griffes, se sont formées, se sont ac-
crues, au dépens du blanc d'œuf, *aux dépens de l'albumine.*

Beaucoup de physiologistes pensent non-seulement que l'albumine est un aliment essentiellement
nutritif, mais qu'une matière ne peut servir d'*aliment complet* si elle ne contient de l'albumine toute
formée, ou une substance capable de se convertir en
albumine pendant la digestion.

Sous le rapport de sa composition chimique, la

fibrine elle-même paraît, aux yeux de beaucoup de chimistes et de physiologistes, n'être autre chose que de l'albumine modifiée, puis transformée sous l'influence des forces vitales.

La différence de composition élémentaires de ces deux substances, si réellement cette différence existe, doit être bien faible ; car deux analyses, l'une exécutée sur la fibrine, l'autre sur l'albumine, ne présentent pas plus de divergence, qu'on n'en trouve entre deux analyses de fibrine ou entre deux analyses d'albumine.

Dans l'acte de la digestion, cette différence tend également à s'effacer, et la fibrine acquiert des propriétés qui la rendent, jusqu'à un certain point, comparable à l'albumine du sang.

Il semble, à première vue, que l'une des substances alimentaires les plus communes, l'unique aliment des jeunes animaux mammifères, le *lait,* fasse exception à cette règle, qui veut que tout aliment contienne de l'albumine ou une matière qui puisse se transformer en albumine, car le lait en contient peu, à moins qu'il ne provienne d'animaux affectés de certaines maladies particulières.

En examinant les choses de plus près, on trouve dans le lait une matière particulière à laquelle on a donné le nom de *caséine,* parce qu'elle constitue l'élément principal du fromage, appelé en latin *caseum.* La composition chimique de cette caséine est exactement la même que celle de l'albumine et de la fibrine.

2.

Malgré cette similitude de composition, chacune des trois substances que nous venons de nommer possède des propriétés spéciales, des caractères distinctifs qui ne permettent pas de la confondre avec les deux autres.

La caséine, la fibrine et l'albumine, faisant partie des fluides de l'organisme animal, se trouvent, par cela même, dans les aliments habituels des *carnivores*. Mais on peut se demander d'où proviennent ces mêmes principes, lorsque nous les trouvons dans les *herbivores*. L'on ne voit pas bien quel rapport il peut exister entre la composition du foin, des graines, des carottes, des pommes de terre, etc., et celle du lait, de la chair, du sang. Cependant, lorsqu'on examine avec soin les matières susceptibles de servir de nourriture aux herbivores, on trouve, *dans toutes les substances végétales alimentaires*, certaines substances qui, mises sur des charbons ardents, répandent une odeur de *chair brûlée*.

L'expérience nous apprend que les matières végétales sont d'autant plus nutritives, qu'elles contiennent une plus forte proportion de ces substances particulières, qui méritent à juste titre de fixer notre attention. Ces substances remarquables sont au nombre de trois principales :

La première, connue sous le nom de *gluten*, se trouve plus particulièrement dans les graines de céréales et dans presque tous les sucs végétaux : c'est même la richesse d'une céréale en gluten qui peut donner la mesure de sa valeur nutritive. Le gluten frais est grisâtre, mou, élastique, à la manière de la fibrine du sang.

La seconde de ces matières, contenue également dans tous les sucs végétaux, s'en sépare en partie sous l'influence de l'action dissolvante de l'eau ; par l'ébullition, elle se coagule, à la manière du blanc d'œuf et du sérum du sang délayés dans beaucoup d'eau. On lui a donné le nom d'*albumine végétale*.

Enfin, la troisième, que l'on trouve assez abondamment dans les graines de *légumineuses* (pois, haricots, lentilles, etc.), peut en être séparée par l'eau froide, et ne se coagule pas par la chaleur comme l'albumine.

Pour rappeler l'origine habituelle de cette substance, on lui a donné le nom de *légumine ;* elle offre la plus grande analogie avec la caséine du lait. Cette analogie est tellement grande, que les Chinois, suivant le rapport de M. *Itier*, préparent de véritable fromage avec des pois. Ce fromage, lorsqu'il est frais, a l'odeur et le goût du fromage de lait.

Si l'on soumet à l'analyse chimique le gluten, l'albumine végétale et la légumine, d'une part ; si l'on soumet à la même épreuve, d'autre part, la fibrine, l'albumine animale et la caséine du lait, on arrive. d'après MM. *Dumas* et *Cahours*, à des résultats remarquables par leur identité. On en pourra juger par l'inspection des nombres trouvés par ces habiles chimistes, et qui sont tous rapportés ici à 100 parties de matière analysée :

	FIBRINE animale.	GLUTEN ou fibrine végetale.
Carbone	52,8	53,2
Hydrogène	7,0	7,0
Oxygène	23,7	23,3
Azote.	16,5	16,5

	ALBUMINE animale.	ALBUMINE végetale.
Carbone	53,5	53,7
Hydrogène	7,1	7,1
Oxygène	23,6	23,5
Azote.	15 6	15,7

	CASÉINE du lait.	LÉGUMINE ou caséine végétale.
Carbone	53,5	53,5
Hydrogène	7,0	7,1
Oxygène	23,7	23,4
Azote.	15,8	16,0

Cette identité conduit naturellement à penser que les animaux ne créent point ces substances dans leur organisme, mais qu'ils se les assimilent toutes formées dans les végétaux qui leur servent de nourriture.

La nutrition des herbivores, ou, si l'on aime mieux, l'alimentation végétale des animaux, s'accomplit donc avec le secours des mêmes principes que la nutrition des carnivores, et si les organes digestifs des premiers sont plus vastes et plus compliqués, c'est afin de mieux séparer, de mieux extraire ces substances, essentiellement nutritives, généralement peu abondantes dans la plupart des végétaux ; c'est afin que les herbivores puissent prendre à la fois, une quantité d'aliments assez considérable pour y trouver une proportion suffisante de ces principes réparateurs.

Il était réservé à la chimie moderne, ayant pour principaux organes en cette circonstance, MM. *Dumas, Boussingault* et *Liebig*, de montrer qu'en définitive, les animaux herbivores se nourrissent des mêmes principes que les carnivores, avec cette différence, toutefois, que les premiers sont en quelque sorte chargés d'extraire ces principes, disséminés dans les matières végétales, tandis que les carnivores trouvent, dans leurs aliments habituels, ces principes tout préparés, presque entièrement dégagés des substances étrangères ou inutiles.

CHAPITRE V

Distinction entre les principes alimentaires, d'après le rôle qu'on leur attribue dans la nutrition.

On a donné le nom d'*aliments plastiques* à l'albumine, à la fibrine et à la caséine animale, ainsi qu'aux principes similaires tirés du règne végétal, parce que ces substances paraissent seules douées de la propriété de produire les parties essentielles des organes animaux et du sang. L'analyse chimique accuse dans toutes ces substances une forte proportion d'azote.

Parmi les principes constitutifs des aliments destinés à l'homme ou aux animaux, il en est qui ne contiennent pas du tout d'azote : telles sont les matières *grasses* (beurre, huile, graisses), les matières *sucrées*, les matières *féculentes* (amidon des céréales, fécules, etc.). Ces substances alimentaires dépourvues d'azote, si elles ne sont pas aptes à concourir directement, comme les principes plastiques, à l'entretien de nos organes et au renouvellement du sang, n'en jouent pas moins un rôle fort important pour le maintien régulier des fonctions de l'organisme. Ce sont elles qui subviennent plus spécialement à la dépense de matière occasionnée par la respiration, et les chimistes leur ont donné, pour cette raison, le nom d'*aliments respiratoires* ou d'aliments de respiration. Ce sont elles qui paraissent fournir la majeure partie, si ce n'est la totalité, des principes combustibles destinés à entretenir la chaleur animale.

C'est dans les produits végétaux surtout que dominent les substances propres à servir d'aliments de respiration. Ainsi :

Le blé contient de 60 à 65 p. 100 d'amidon ;

. L'orge et les lentilles en contiennent de 40 à 45 p. 100.

Le maïs, de 72 à 75 p. 100 ;

Et le riz, jusqu'à 85 p. 100.

On a trouvé des matières sucrées dans la sève de tous les végétaux, et quelques-uns, comme la canne à sucre, le sorgho sucré, la betterave, en contiennent des quantités considérables.

On a trouvé également des matières grasses dans toutes les plantes susceptibles de servir à l'alimentation.

Il est facile de comprendre que la matière sucrée, soluble dans l'eau et dans les liquides du canal digestif, puisse entrer rapidement dans la circulation pour y remplir les fonctions dont nous parlions tout à l'heure ; mais on ne comprend pas si bien comment la fécule et l'amidon peuvent être amenés à jouer le

même rôle, car ces substances sont à peu près inso-
lubles dans l'eau froide ou tiède. Cependant, si nous
nous reportons, par la pensée, à l'industrie des bras-
seurs, nous voyons ce même amidon devenir presque entièrement soluble dans l'eau, lorsque l'orge
qui le renferme a été préalablement soumise à la
germination. Sous l'influence germinatrice, l'amidon
s'est transformé en une nouvelle matière analogue
au sucre. La fibre végétale, qui constitue la majeure
partie des aliments des herbivores, et qui paraît
tout d'abord différer beaucoup de l'amidon, a cependant la même composition chimique ; aussi, elle
peut, entre les mains du chimiste, subir les mêmes
transformations, quoique avec plus de difficulté, et
donner naissance aux mêmes produits.

Par exemple, que l'on fasse bouillir pendant quelque temps, dans de l'eau contenant un peu d'acide
sulfurique, l'une quelconque de ces substances, elle
se transformera bientôt en une véritable matière
sucrée. L'on a déjà mis depuis longtemps cette expérience en pratique, dans l'industrie qui a pour objet
la fabrication du sucre de *fécule*. Il n'est pas impossible que, dans l'organisme vivant, la fécule, l'amidon, la fibre végétale, éprouvent des transformations
analogues à celles que nous voyons s'opérer sous
l'influence de l'acide sulfurique ou de la germination.
M. Bernard a mis en évidence, dans ces dernières
années, le fait de la production de matières sucrées
dans l'organisme d'animaux qui n'en avaient pas
consommé dans leurs aliments; suivant cet éminent

physiologiste, c'est le foie qui paraît plus spécialement être le siége de cette transformation.

Les matières grasses, telles que le beurre, l'huile,
les graisses, ne diffèrent des précédentes que par
une moindre proportion d'oxygène dans leurs principes constituants.

Les matières sucrées, les matières féculentes ou
amylacées, si différentes en apparence des matières
grasses, paraissent cependant susceptibles d'éprou-
ver des modifications, ou, si l'on veut, des altérations qui les rapprochent de ces dernières. C'est
ainsi qu'en faisant fermenter du sucre dans certaines conditions, on le transforme en une substance
identique avec celle qui communique au beurre la
rancidité. C'est ainsi que MM. Dumas et Milne-Edwards
ont constaté que les abeilles nourries au sucre peuvent produire, aux dépens de cette alimentation, de
la cire qui a beaucoup d'analogie avec la graisse.

Chaque jour de nouvelles transformations de ce
genre viennent révéler au chimiste quelques-uns
des nombreux mystères qui environnent la plupart
des questions relatives à l'alimentation et à la nutrition.

3

CHAPITRE VI

Influence des principes inorganiques
des aliments

Si l'on administre isolément, comme aliment unique, une substance quelconque appartenant à l'une des deux grandes divisions que nous venons d'établir, soit une substance alimentaire plastique pure, soit une de ces substances que nous avons désignées sous le nom d'aliments de respiration, il est assez remarquable de voir que ni l'une ni l'autre ne puisse entretenir longtemps ni les fonctions plastiques, ni la respiration.

Leur mélange même serait impropre à l'alimentation, sans la présence de certaines matières qui, elles-mêmes, ne nourrissent pas non plus quand on les emploie seules.

Dans les nombreuses expériences faites par les chimistes et par les physiologistes, *tous* les animaux nourris avec de la *fibrine*, avec de l'*amidon*, etc., seuls ou mélangés, mais *purs*, moururent, après un temps plus ou moins long, en offrant tous les symptômes de l'*inanition*.

L'on sait, d'un autre côté, par l'expérience de tous les siècles, que la viande et le pain, seuls ou mélangés ensemble, que le lait des animaux mammifères, peuvent entretenir parfaitement la vie des carnivores, sans le secours d'aucune autre substance ; on sait que les graines des céréales, que les légumes, que les fourrages divers, remplissent les mêmes conditions dans l'alimentation des herbivores : il faut donc que ces substances présentent, dans des proportions convenables, les autres conditions indispensables à l'accomplissement de la nutrition.

Les intermédiaires obligés, sans lesquels il ne peut y avoir d'alimentation complète, paraissent être les principes *inorganiques* du sang, les matières que nous retrouvons dans ses cendres, telles que l'acide phosphorique et les phosphates, la potasse, la soude, la chaux, la magnésie, l'oxyde de fer et le sel marin.

Toutes ces substances, avant de devenir parties intégrantes du sang ou des organes, faisaient partie des aliments qui ont concouru à la nutrition.

S'il est vrai que leur concours soit nécessaire pour que l'assimilation ait lieu, aucune substance privée de ces éléments ne peut entretenir la vie ; les faits semblent avoir donné jusqu'à présent complétement gain de cause à cette manière de voir.

Si l'on compare la composition des cendres du sang d'un animal, et celle des aliments qui forment sa nourriture habituelle, on reconnaît une similitude remarquable, dont quelques exemples feront mieux comprendre l'importance. On a trouvé, dans 100 parties de cendres :

NATURE DES SUBSTANCES.	Du sang de brebis.	Du sang de bœuf.	Des choux blancs.	Des navets.	Des pommes de terre.
Acide phosphorique.	14,8	14,0	13,7	14.2	16.8
Soude et potasse. .	55,8	16,0	49,4	52,0	55,4
Chaux, magnésie, oxyde de fer. . .	4,9	3,6	14,1	13.6	6,7

Nous n'avons pas tenu compte ici de la présence du sel marin, qui doit jouer cependant un rôle important et qui mérite une mention toute particulière.

Si, des animaux herbivores, nous passons aux granivores, nous sommes conduits à des résultats analogues ; ainsi, l'on a trouvé dans 100 parties de cendres :

NATURE DES SUBSTANCES.	Du sang de poule.	De seigle.
Acide phosphorique.	47,3	47,8
Soude et potasse	48,4	37,1
Chaux, magnésie, oxyde de fer . . .	2,2	11,7
Acide sulfurique	2,1	8,9

Il en serait encore de même pour les carnivores ; mais, comme il existe beaucoup plus de ressemblance entre leur propre substance et les matières qui leur servent de nourriture habituelle, ce résultat pouvait en quelque sorte être prévu.

En un mot, il paraît exister, entre la composition des cendres du sang d'un animal et celle des cendres des aliments dont il se nourrit, une relation si intime, que la nature et les proportions de ces éléments constitutifs du premier peuvent faire pressentir la nature et les proportions de ces mêmes éléments dans les derniers. Cela est si vrai que, lorsqu'on remplace entièrement le pain et la viande par des fruits, des racines ou des légumes verts, le sang de l'homme tend à acquérir la composition et les caractères du sang du bœuf ou du mouton.

Il serait difficile, dans l'état actuel de la science, d'assigner d'une manière précise le rôle de chacune des substances inorganiques dont l'analyse a montré la présence dans le sang de tous les animaux et dont l'expérience a constaté la présence nécessaire dans tous les aliments efficaces. Il appartient à d'autres sciences de traiter ces questions délicates, dont nous devons ici nous borner à signaler l'importance.

Le sang des animaux est *toujours alcalin*, c'est-à-dire qu'il contient toujours un léger excès de soude ou de potasse : cette alcalinité peut contribuer à maintenir en dissolution les matières grasses. Elle peut encore contribuer, suivant M. *Chevreul*, à faciliter la combustion des principes que le sang abandonne à l'oxygène de l'air pendant la respiration;

car cet habile chimiste a montré qu'une foule de substances organiques, incapables de se combiner avec l'oxygène, c'est-à-dire d'être brûlées à la température ordinaire ou à la température des corps vivants lorsqu'elles sont seules, acquièrent cette propriété au contact d'un alcali (*potasse* ou *soude*).

Le *fer* paraît indispensable à la constitution du sang et à celle des globules en particulier. Rien ne saurait mieux prouver l'importance du rôle qu'il doit jouer dans l'organisme, que les bons effets produits par les médicaments ferrugineux sur la santé de ceux dont le sang est appauvri.

Le squelette osseux de l'homme et des animaux vertébrés est essentiellement composé de *phosphate* de chaux et d'un peu de carbonate de chaux. Pendant le développement de l'animal, depuis sa génération jusqu'à la limite de sa croissance, ses os n'ont pu tirer les matériaux nécessaires à leur constitution et à leur accroissement que des principes similaires des aliments. Une fois parvenu à l'état adulte, l'animal ne saurait, sans danger pour son existence, faire usage d'aliments privés des mêmes principes, attendu qu'il s'opère encore continuellement, dans toutes les parties de son squelette osseux, un travail de *mutation*, en vertu duquel certaines parties, anciennement formées, sont éliminées de l'organisme pour être remplacées par d'autres parties de même nature, destinées à être remplacées plus tard à leur tour.

Un seul exemple suffira pour donner une idée de

l'influence que la nature des aliments peut exercer sur la marche de ce travail de mutation ou de répa-ration : c'est un fait connu depuis longtemps que les fractures des os, chez les carnivores, se soudent bien mieux que chez les herbivores; or, l'analyse chi-mique a montré qu'il existe une plus forte propor-tion de phosphates (c'est-à-dire de matière consti-tutive des os) dans les aliments et dans le sang des premiers, que dans les aliments et dans le sang des derniers.

SECONDE PARTIE

CHAPITRE PREMIER

Considérations générales sur la valeur nutritive des fourrages et d'autres matières susceptibles d'être employées comme aliments pour les animaux.

L'expérience a depuis longtemps appris que pour satisfaire convenablement au double travail de *mutation* et d'*assimilation* qui s'opère dans l'animal en voie de croissance, et, pour subvenir aux exigences du travail de *mutation* ou de *réparation* qui s'opère continuellement dans les diverses parties de l'organisme de l'animal complétement développé, les matières alimentaires qui constituent sa ration doivent contenir :

3

1° Des principes azotés analogues à l'albumine, à la fibrine ou à la caséine ;

2° Des principes riches en carbone, tels que l'amidon, la fécule, les matières sucrées, etc. ;

3° Des principes gras analogues aux huiles et aux graisses, dont ils sont souvent les éléments constitutifs ;

4° Enfin des principes minéraux que nous retrouvons dans les cendres, et particulièrement des phosphates.

Nous avons cherché, précédemment, à donner une idée du rôle généralement attribué à chacun de ces principes constitutifs de tout aliment complet; nous pourrions ajouter que, si l'on excepte quelques aliments spéciaux, les principes minéraux et les principes riches en carbone sont, en général, largement représentés dans la plupart des rations alimentaires adoptées par les praticiens. Au contraire, les matières grasses et les principes azotés s'y trouvent presque toujours en proportions beaucoup plus faibles.

L'importance que l'on attribue, non sans raison, à ces dernières, dans la nutrition, avait conduit M. *Boussingault* à se demander s'il n'existait pas un rapport intime entre la valeur alimentaire des fourrages et leur richesse en matière azotée. Bientôt, l'illustre agronome que nous venons de citer, et avec lui MM. *Dumas, de Gasparin, Liebig, Payen,* comparant les données fournies par la pratique aux résultats auxquels conduisirent des analyses nombreuses et répétées, furent amenés à admettre que, *si l'on considère des matières alimentaires* DE NATURE ANALOGUE, *les plus riches en azote sont généralement les plus nutritives, et que leur valeur comme aliment paraît, dans beaucoup de cas, proportionnelle à la quantité d'azote qu'elles renferment.*

Cependant, cette proportionnalité entre la valeur nutritive des aliments et leur richesse en azote n'est plus aussi près de la réalité lorsqu'il s'agit de rations destinées à l'engraissement; elle cesserait encore d'être admissible s'il s'agissait d'aliments dissemblables de nature, comme les fourrages d'une part, et les tourteaux de l'autre.

Enfin, cette règle serait en désaccord avec les faits s'il s'agissait d'aliments salpêtrés, avariés, ou d'une difficile digestion.

Quelques exemples feront mieux comprendre notre pensée, en ce qui concerne la règle générale que nous venons de formuler plus haut.

Il y a longtemps que l'expérience vulgaire a montré que 1 kilogramme de foin peut, dans beaucoup de cas, être remplacé par 700 grammes d'avoine dans la ration ordinaire du cheval, et réciproquement. Or, l'analyse chimique nous apprend que chaque kilogramme de foin ordinaire contient 11 grammes 5 décigrammes d'azote, et que 700 grammes d'avoine en contiennent 11 grammes 2 décigrammes.

Ces nombres sont presque identiques.

Lorsqu'on substitue au foin ordinaire de prairie naturelle le sainfoin, la luzerne ou le trèfle, poids pour poids, l'on observe bientôt, sur les animaux soumis à ce nouveau régime, tous les symptômes qui caractérisent une nourriture trop abondante, trop substantielle ; or, l'analyse nous apprend que, si chaque kilogramme de foin ordinaire contient 11 grammes 5 décigrammes d'azote,

Chaque kilogramme de trèfle en contient.	18 gr.	1
Chaque kilogramme de sainfoin.	18	9 (1)
Chaque kilogramme de luzerne	18	5

C'est-à-dire, que chacun des trois derniers fourrages est plus riche en azote que le foin, dans la proportion de 3 à 2.

D'après M. de Gasparin, dans le Midi, où la luzerne contient 19 grammes 4 décigrammes d'azote par kilogramme de fourrage, et le foin 14 grammes seulement, l'expérience a montré qu'on arrive à rationner convenablement un cheval en remplaçant chaque kilogramme de foin par 700 grammes de luzerne ; or, si un kilogramme de ce foin contient 14 grammes d'azote, les 700 grammes de luzerne qu'on lui substitue en contiennent 13 grammes 6 décigrammes : ces deux nombres sont encore presque identiques.

Enfin, dans plusieurs petites villes du Midi, où l'on consomme alternativement de la viande et des hari-

---

(1) Il s'agit ici de la variété désignée sous le nom de petite graine, qui ne donne habituellement qu'une seule coupe de fourrage fleuri ; la variété à deux coupes, connue sous le nom de grande graine, ne contient que 15 grammes d'azote par kilogramme.

cots, une enquête prolongée apprit à M. de Gasparin
que, dans beaucoup de ménages, on remplace 250
grammes de viande, os compris (comme on la vend
à la boucherie), par 150 grammes de haricots secs.
Or, l'analyse chimique nous apprend que 150 grammes
de haricots secs renferment 5 grammes 82 centigrammes d'azote, et que 250 grammes de viande de
boucherie, os compris, en contiennent 6 grammes
5 centigrammes. La différence de ces nombres est
encore insignifiante.

Ce rapport intime, constaté dans une foule de circonstances, entre la valeur d'une substance alimentaire et sa richesse en azote, semble justifier suffisamment les agronomes qui ont pris pour base de la
valeur nutritive d'un aliment la proportion d'azote
qu'il renferme, et qui ont considéré comme *équivalentes* des quantités de matières alimentaires diverses
contenant la même proportion d'azote.

Dans la plupart des cas, les rations considérées
comme équivalentes par les théoriciens, d'après le
principe que nous rappellions tout à l'heure, étaient
aussi considérées comme telles par les praticiens;
cependant, il s'est présenté parfois des cas où la
théorie et la pratique tombaient difficilement d'accord, ou plutôt ne s'accordaient pas du tout. En
examinant avec attention les causes de cette dissidence, il n'est pas impossible de s'en rendre compte;
et l'on peut entrevoir, dans un avenir peu éloigné,
le moment où la valeur nutritive d'une substance
alimentaire quelconque pourra se déterminer par

l'analyse chimique, avec une précision qui ne sera
plus contestée par les praticiens

Le plus souvent, dans une substance alimentaire,
l'azote appartient uniquement à des principes plastiques analogues à l'albumine, à la fibrine, etc.; mais
il peut arriver aussi qu'une partie de cet azote appar-
tienne à des principes d'une valeur nutritive contes-
testable, ou même tout à fait nulle. Par exemple, on
trouve, dans certaines matières susceptibles de servir
d'aliment, des substances analogues au salpêtre (des
nitrates) qui agissent à la manière des médicaments
et ne nourrissent pas ; ces substances contiennent de
14 à 17 p. 100 d'azote.

Il est bien évident que, pour toutes les matières
alimentaires de cette nature, l'*équivalence*, basée sur
la richesse totale en azote, ne serait plus en rapport
direct avec la valeur nutritive réelle.

Les premières analyses des chimistes n'avaient pas
toujours distingué les proportions d'azote provenant
de ces deux sources, et c'est à cette circonstance
qu'on serait d'abord tenté d'attribuer une partie de la
dissidence qui existait entre la pratique et la théorie ;
mais nous devons ajouter que les substances alimentaires riches en salpêtre n'entrent qu'exceptionnellement dans la ration des animaux. Le perfectionnement des méthodes analytiques permet aujourd'hui
de distinguer facilement, dans une substance alimentaire, l'azote des principes plastiques de celui
qui peut provenir des nitrates qu'elle renferme.

Il existe aussi des aliments, riches en principes

azotés, dont la valeur pratique paraît bien inférieure
à celle que leur avait assignée la théorie, sans qu'on
puisse attribuer la différence à la présence d'une
certaine quantité de nitrates : ce sont les matières
qui ne contiennent pas en proportions suffisantes
les principes minéraux, les principes gras ou les
principes carbonés constitutifs de tout aliment complet.

Enfin, l'on arrive parfois à certaines impossibilités
pratiques, lorsqu'on se laisse exclusivement guider
par des indications théoriques appliquées sans discer-
nement. Par exemple, on trouve que 15 kilogrammes
de bon foin ordinaire, ou 7 kilogrammes 1/2 de foin
et 5 kilogrammes d'avoine, contiennent autant d'azote
que 133 kilogrammes de navets blancs ; cependant,
aucun praticien ne s'avisera de donner à un cheval
de travail, 133 kilogrammes de navets par jour pour
toute nourriture, au lieu de 7 kilogrammes 1/2 de
foin et de 5 kilogrammes d'avoine, parce que l'estomac et la santé de l'animal s'accomoderaient difficilement d'une pareille ration, à raison de son volume
et de l'énorme quantité d'eau qu'elle renferme.

Il existe encore un certain nombre de circonstances dont l'influence peut modifier plus ou moins
profondément, dans la pratique, les données de la
théorie : tels sont l'état de fraîcheur ou d'altération
des substances alimentaires, leur état d'agrégation,
par suite duquel les principes les plus nutritifs peuvent être extraits avec plus ou moins de facilité par
os organes digestifs, etc., etc. Il est probable aussi

que, par suite de la diversité de constitution de ces organes, les animaux de classes différentes ne tirent pas nécessairement le même parti des mêmes aliments. Il est encore permis de croire que les animaux d'une même espèce ne s'assimilent pas toujours de la même manière les principes utiles de leurs aliments, suivant leur âge, suivant leurs habitudes, suivant le climat ou la saison, puisque nous savons que les besoins de chaleur animale, et par suite la consommation des matières carbonées propres à les satisfaire, sont susceptibles de notables variations.

La détermination de la valeur nutritive des fourrages et des autres substances alimentaires offre donc, par la nature même des choses, certaines difficultés au point de vue purement théorique, et les réserves que nous venons d'exprimer font assez pressentir, que la pratique elle-même ne peut arriver que difficilement à lever toutes ces difficultés.

Nous venons de raisonner dans l'hypothèse où l'on aurait la prétention de donner à cette détermination une exactitude tout à fait mathématique.

Mais ici, comme en beaucoup d'autres circonstances, le mieux est en quelque sorte l'ennemi du bien, et il faut savoir se résigner à ne demander à la science que ce qu'elle peut nous donner.

Restant donc dans le domaine de la réalité, nous dirons que, *si l'on considère des matières alimentaires de nature analogue, les plus riches en azote sont généralement les plus nutritives*, et que *leur valeur*

comme aliment paraît, dans beaucoup de cas, propor-
tionnelle à la quantité d'azote qu'elles renferment ;

Que cependant, *en attribuant à cette espèce de loi,*
un sens trop étendu et trop absolu, on pourrait quel-
quefois s'éloigner de la vérité, surtout si on l'appliquait
à des aliments riches en salpêtre, avariés ou d'une
difficile digestion ;

Et enfin, que cette règle ne s'applique pas non
plus sans réserve aux aliments qui ne contiennent
pas une proportion suffisante de matières carbonées,
de matières grasses ou de substances minérales,

CHAPITRE II

Détermination de la valeur nutritive des substances destinées à l'alimentation

On peut suivre deux méthodes essentiellement distinctes, pour comparer le pouvoir nutritif des diverses matières susceptibles de servir à l'alimentation des animaux, et pour déterminer la valeur alimentaire de chacune d'elles.

La première méthode, toute *pratique*, est basée sur l'observation directe et unique des faits.

La seconde méthode, connue aujourd'hui sous le nom de méthode *théorique*, a pour base, l'analyse chimique des substances dont on veut déterminer la valeur nutritive.

Méthode pratique.

Tous les cultivateurs, tous les hommes qui se font honneur d'être de purs praticiens, n'hésiteront pas à donner la préférence à la première de ces deux méthodes, qui semble, en effet, la plus sûre au premier abord.

Cependant, il faut qu'en réalité, les expériences pratiques de ce genre offrent de sérieuses difficultés, car les agronomes les plus distingués, les praticiens les plus habiles et les plus renommés, ont très-souvent été conduits, par cette méthode, à des résultats bien peu concordants : c'est ainsi que le trèfle fané est considéré par *Schwertz* comme l'équivalent de deux fois son poids de bon foin ordinaire de pré naturel, tandis que, suivant d'autres, c'est à peine s'il peut être regardé comme son équivalent, poids pour poids.

C'est qu'en effet, lorsqu'il s'agit d'obtenir des résultats nets et précis, les causes ordinaires d'erreur sont si fréquentes, si difficiles à éviter, même avec des précautions minutieuses, qu'il n'y a pas lieu d'être surpris que cette question ait été jusqu'à présent si imparfaitement résolue par les praticiens.

Nous aurons occasion de reconnaître encore par la suite que, dans beaucoup de cas, la pratique pure est impuissante à résoudre à elle seule, d'une manière économique surtout, bien des questions relatives au rationnement des animaux.

Ce qu'on se propose, en définitive, dans ce genre d'expérience, c'est de déterminer quel est le poids d'une substance alimentaire donnée, pouvant remplacer un poids déterminé d'une autre substance alimentaire ; combien il faudrait, par exemple, de luzerne, de son ou de betteraves, pour remplacer 10 kilogrammes de foin dans la ration d'un animal, de manière que l'état de santé, de vigueur, d'embonpoint de cet animal ne fût pas sensiblement changé par cette substitution, de manière que son poids restât sensiblement le même sous l'influence de ces divers régimes.

Mathieu de Dombasle nous a laissé, dans les *Annales de Roville*, des exemples remarquables d'expériences de ce genre, exécutées en suivant la méthode pratique ou expérimentale : ces expériences, faites par l'un des plus habiles agronomes du siècle, sont bien propres à donner une idée de la difficulté du sujet.

Mathieu de Dombasle, voulant comparer le pouvoir nutritif de la *luzerne sèche*, de l'*escourgeon en grain*, du *tourteau de lin*, des *pommes de terre cuites*, des *pommes de terre crues*, des *carottes* et des *betteraves*, prit 49 moutons mérinos de deux à trois ans, et les partagea en sept lots d'égal poids; les six premiers lots pesaient chacun 218 kilogrammes, le septième pesait 218 kilogrammes 1/2.

Les pesées étaient toujours faites à jeun, le matin.

Pour éviter que les animaux ne mangeassent de la paille qui leur servait de litière, on avait soin de n'employer que de la litière déjà piétinée. L'expérience dura cinq semaines, du 17 décembre au 22 janvier. Les animaux buvaient à discrétion.

Le PREMIER LOT reçut d'abord, par jour, 7 kilogr. de luzerne, du 17 décembre au 1er janvier; comme son poids semblait diminuer, on porta la ration à 8 kilogrammes pour le reste du temps (1).

Consommation totale de luzerne pour les 49 moutons, 266 kilogrammes.

Poids observés sur le premier lot :

A la fin de la 1re semaine.		. . .	218 kil.	5
—	de la 2e	—	 216	5
—	de la 3e	—	 218	625
—	de la 4e	—	 218	875
—	de la 5e	—	 221	5

Le SECOND LOT reçut chaque jour :

1re semaine, 3 kil. 5 de luzerne et 1 kil. 5 de tourteau de lin ;

2e semaine, 3 kil. 5 de luzerne et 2 kil. 5 de tourteau ;

3e et 4e semaines, 4 kil. de luzerne et 2 kil. 625 de tourteau ;

5e semaine, 4 kil. de luzerne et 2 kil. 25 de tourteau.

La consommation totale s'élevait, pour les 49 moutons, aux chiffres suivants :

Luzerne	133 kil.	
Tourteau de lin.	83	125

---

(1) C'est par le même motif qu'il est arrivé souvent, dans le cours des expériences, de modifier la ration quotidienne de tel ou tel lot ; de l'augmenter quand le poids des animaux diminuait, ou de la diminuer quand le poids tendait manifestement à augmenter.

Poids observés sur le second lot :

A la fin de la 1re semaine. . . . . 214 kil.
   —   de la 2e   —   214
   —   de la 3e   —   216   25
   —   de la 4e   —   219   552
   —   de la 5e   —   222   16

Le TROISIÈME LOT reçut chaque jour :

1re semaine, 3 kil. 5 de luzerne et 1 kil. 75 d'avoine ;

2e semaine, 3 kil. 5 de luzerne et 1 kil. 75 d'orge d'hiver ;

3e, 4e et 5e semaines, 4 kil. de luzerne et 1 kil. 75 d'orge.

La consommation totale serait ainsi représentée pour les 49 moutons :

Luzerne. . . . . 138 kil.
Orge 49
Avoine 12   25

Poids observés sur le troisième lot :

A la fin de la 1re semaine . . . . 211 kil. 25
   —   de la 2e   —   216   76
   —   de la 3e   —   214   61
   —   de la 4e   —   218   37
   —   de la 5e   —   219   62

Le QUATRIÈME LOT reçut chaque jour :

La 1re et la 2e semaine, 7 kil. de *pommes de terre crues* et 3 kil. 5 de *luzerne ;*

Les trois dernières semaines, 7 kil. de pommes de terre crues et 4 kil. de luzerne.

Si les 49 moutons eussent été soumis au même régime, leur consommation totale se fût trouvée représentée ainsi :

Luzerne. . . . . 133 kil.
Pommes de terre crues 245

Poids observés sur le quatrième lot

A la fin de la 1re semaine . . . . 220 kil. 5
   —   de la 2e   —   220   25
   —   de la 3e   —   217
   —   de la 4e   —   216   37
   —   de la 5e   —   219   87

Le CINQUIÈME LOT reçut pour ration quotidienne la même quantité des mêmes aliments que le quatrième lot, avec cette différence que les pommes de terre étaient cuites.

Consommation totale rapportée aux 49 moutons :

Luzerne . . . . 133 kil.
Pommes de terre cuites. 245

Poids observés sur le cinquième lot :

A la fin de la 1re semaine . . . . 218 kil. 5
   —   de la 2e   —   217   75
   —   de la 3e   —   223   75
   —   de la 4e   —   222   25
   —   de la 5e   —   225   62

Le SIXIÈME LOT fut rationné ainsi :

1re et 2e semaines, 3 kil. 8 de luzerne et 7 kil. de betteraves blanches de Silésie;

3ᵉ et 4ᵉ semaines, même poids de luzerne et 10 kil. et 1/2 de betteraves ;

Dernière semaine, même poids de luzerne et 9 kil. 5 de betteraves.

Si les sept lots eussent été rationnés de la même manière, la consommation totale eût été :

Luzerne. 133 kil.
Betteraves. 311   5

Poids observés sur le sixième lot :

A la fin de la 1ʳᵉ semaine . . . . 217 kil. 5
  —   de la 2ᵉ   —   212
  —   de la 3ᵉ   —   218
  —   de la 4ᵉ   —   218   5
  —   de la 5ᵉ   —   222   25

Enfin le SEPTIÈME LOT reçut par jour une ration ainsi composée :

1ʳᵉ semaine, 3 kil. 8 de luzerne et 7 kil. de carottes ;

2ᵉ semaine, même poids de luzerne et 10 kil. 5 de carottes ;

3ᵉ et 4ᵉ semaines, la dose de carottes fut portée à 14 kil.

5ᵉ semaine, cette dose fut réduite à 12 kil. 5.

Pour les 49 moutons, la consommation totale se serait élevée à :

Luzerne . . . . 133 kil.
Carottes. 406

Poids observés sur le septième lot :

Commencement de la 1re semaine.	218 kil.	5
A la fin de la 1re semaine	208	75
— de la 2e — . . . . . ‹	203	5
— de la 3e —	209	75
— de la 4e —	213	12
— de la 5e —	218	62

Les petites fluctuations de poids observées sur **chacun** des lots peuvent être attribuées en partie au **changement** que l'on apportait dans leur régime ha-**bituel**, et en partie aussi, aux tâtonnements auxquels **on était** obligé de se livrer pour arriver à des substi-tutions véritablement équivalentes.

Ce seul exemple, emprunté à l'un des plus habiles **et des** plus consciencieux expérimentateurs moder-**nes en fait** de questions agricoles, suffit pour donner **une** idée de la méthode, et pour faire pressentir les **difficultés** qu'elle présente.

Il est à peine nécessaire d'ajouter que la justesse **des** conséquences dépend aussi de la durée des **expériences**, et que l'observation générale des ré-**sultats** semble montrer que celles dont nous venons **d'emprunter** les données aux *Annales de Roville*, n'ont **pas encore** été suffisamment prolongées.

Quoi qu'il en soit, Mathieu de Dombasle crut pou-**voir** conclure, des expériences que nous venons de **citer**, qu'en représentant par 100 le pouvoir nutritif **de la** luzerne de seconde qualité, considérée par lui **comme** équivalente au foin de première qualité, la

4

valeur alimentaire des autres matières essayées peut se représenter ainsi :

	POIDS équivalents.	VALEUR nutritive.
Luzerne de deuxième qualité	100	100
Tourteau de lin	57	175
Escourgeon (pesant 66 kil. l'hectolitre). .	47	213
Pommes de terres crues.	187	53
— cuites.	175	57
— id. mais pesées avant la cuisson.	162	62
Betteraves blanches de Silésie.	220	45
Carottes	307	55

Il s'agissait, dans ces expériences de maintenir es animaux dans le même état; c'est-à-dire, que les poids équivalents, ainsi déterminés, s'appliquent aux matières alimentaires destinées à constituer une ration d'entretien; mais les mêmes nombres conviendront-ils encore, lorsqu'il s'agira non-seulement d'entretenir du bétail dans un état constant, mais encore d'en obtenir des produits, soit en travail, soit en graisse et en viande, soit en lait, en laine ou en croît? Cela n'est nullement démontré.

Ajoutons encore que les *fourrages désignés sous le même nom, sont loin d'avoir toujours la même valeur alimentaire*, parce qu'ils ne renferment pas toujours les mêmes principes dans les mêmes proportions; l'œil le plus exercé ne saurait apprécier ces différences avec une suffisante précision.

Bella père dit avoir reconnu bien des fois qu'entre deux bottes de fourrage de même nature, venues sur le même terrain, mais dans des années différentes, à une année de distance, il peut y avoir des différences de valeur nutritive d'au moins 20 p. 100.

La méthode pratique seule ne saurait donc conduire à des règles précises; et, pour peu qu'elle veuille s'écarter des routes déjà frayées, elle est obligée de tâtonner longtemps au hasard avant de rien pouvoir conclure, avant de pressentir même s'il lui sera possible d'arriver à un résultat satisfaisant.

Voyons maintenant si nous pouvons fonder des espérances plus grandes sur la méthode théorique ou *chimique*.

Méthode théorique.

Si le théoricien, sans rien emprunter à la pratique, avait la prétention de déterminer, *à priori*, la nature et les proportions des principes nécessaires à l'entretien de la vie animale et de la santé, et qu'il classât les substances alimentaires d'après la quantité de ces principes qu'il y aurait trouvée, il s'exposerait à recevoir de l'expérience de fréquents démentis.

Mais ce n'est pas ainsi qu'ont procédé les savants distingués, auxquels les grands praticiens de notre époque sont heureux de pouvoir emprunter d'utiles renseignements.

Supposez un animal en parfait état de santé, sous l'influence d'un régime alimentaire capable de le maintenir longtemps dans ce même état : il sera possible de comparer la composition chimique de sa ration avec les pertes quotidiennes qu'il subit par la transpiration, par la respiration, par ses déjections solides et liquides, etc.

Il est évident que la ration absorbée, devra se retrouver tout entière sous ces diverses formes, si l'animal s'est maintenu au même état.

Supposons maintenant que la ration soit modifiée : elle restera *équivalente* à la première, si elle maintient encore l'animal dans son état primitif. L'analyse comparative des aliments consommés et des pertes subies permettra de faire, entre les deux rations équivalentes, des rapprochements utiles au point de vue des principes qui les constituent.

C'est en variant suffisamment ces expériences compliquées et pénibles, qu'il est possible d'arriver à poser des règles un peu générales. C'est en procédant ainsi que l'on est arrivé à conclure, d'une manière approximative, la composition chimique de la ration d'entretien d'un animal, ou du moins quelques-unes des conditions indispensables auxquelles doit nécessairement satisfaire cette composition.

C'est par une combinaison judicieuse des deux méthodes que la théorie a pu conduire à des résultats pratiques.

Il serait sans doute difficile d'établir d'une manière absolue, rigoureuse, les proportions équivalentes des diverses matières employées à l'alimentation des animaux : nous avons déjà fait entrevoir plusieurs fois les causes de cette difficulté. Mais l'expérience des trente dernières années paraît avoir montré qu'en laissant de côté certaines matières alimentaires sur lesquelles nous reviendrons par la suite, et en admettant que l'on ne fasse usage que d'aliments de bonne qualité, la proportion d'azote contenue dans ceux que l'on désigne habituellement sous le nom de *fourrages* peut servir à comparer, et même à évaluer, d'une manière très-approximative, leur pouvoir nutritif. C'est ainsi qu'on a dressé le tableau suivant (p. 66, 67 et 68), comprenant les *fourrages secs* ou *fanés* les plus usuels.

Nous avons pris ici pour type de fourrage, avec tous les agronomes qui se sont occupés de cette question, le foin ordinaire fané, contenant 11 gr. 1|2 d'azote par kilogramme. Nous le désignerons souvent sous le nom de *foin normal*.

Les causes de dissidence, entre la théorie et la pratique, seraient moins fréquentes, si l'on avait toujours soin de tenir compte de la différence d'humidité que contiennent habituellement les substances alimentaires dont on discute la valeur comparée. J'ai trouvé, en effet, que la proportion d'humidité contenue dans des échantillons différents d'un même fourrage fané, peut varier de 17 à 25 p. 100 au moins, sans qu'il soit possible de reconnaître, autrement que par l'analyse, cette différence de qualité. Pour fixer les idées, nous admettrons, par la suite, que les fourrages fanés contiennent la proportion moyenne de 20 p. 100 d'humidité, ou du moins, nous avons amené, par un calcul très-simple, à ce degré de dessiccation, tous les fourrages fanés inscrits dans le premier tableau ci-après.

Il suffira de se rappeler, dans les applications pratiques, que les fourrages gros et forts, en contiennent quelques centièmes de plus, tandis que les fourrages courts et fins des terres sèches en contiennent habituellement deux ou trois centièmes de moins.

Enfin, nous devons ajouter encore que tous les nombres inscrits, soit dans le tableau ci-après, soit dans tous ceux qui figurent dans les chapitres suivants, représentent, pour chaque nature de fourrage, la moyenne d'un grand nombre d'analyses, dont la presque totalité nous est entièrement personnelle.

Fourrages fanés.

DÉSIGNATION DES FOURRAGES.	PROPORTION D'AZOTE par kilogramme de fourrage complétement desséché.	PROPORTION D'AZOTE par kilogramme de fourrage fané à 20 p. 100 d'humidité.	POIDS équivalents (1).
	gr.	gr.	
Foin normal.	14,7	11,5	100
Foin de prairie naturelle du dépôt de remonte de Caen	15,0	11,5	100
* (2) *Foin* choisi de très-bonne qualité (provenance inconnue).	16,2	13,0	88
* *Foin* de regain (supérieur, provenance inconnue)	24,5	20,0	58

(1) Nous entendons, par *poids équivalents* de divers fourrages, les quantités de ces matières qui peuvent se remplacer mutuellement, sans changer d'une manière sensible la proportion de matière utile de la ration dans laquelle on les fait entrer. Inutile d'ajouter qu'on suppose ces fourrages au même degré d'humidité.

(2) Les résultats précédés d'une astérisque (*) sont empruntés à MM. Boussingault et Payen ; les autres nous sont personnels.

DÉSIGNATION DES FOURRAGES.	PROPORTION D'AZOTE par kilogramme de fourrage complètement desséché.	PROPORTION D'AZOTE par kilogramme de fourrage fané à 20 p. 00 d'humidité.	POIDS équivalents (1).
	gr.	gr.	
* Foin du Midi (Orange), 1re qualité . .	»	17,0	68
* — — 2e qualité. . .	»	14,0	77
* — — 3e qualité. . .	»	11,9	97
* Ivraie vivace (ray grass).	»	10,0	115
* Maïs récolté en fleurs.	»	6,6	174
Luzerne fleurie, fanée sans aucune perte de feuilles	20,8	16,6	69
Luzerne à la première fleur	29,5	23,6	49
— avant la fleur	30,0	24,0	48
— regain tardif un peu dur . . .	30,0	24,0	48
Trèfle, un mois avant la fleur, fané sans aucune perte de feuilles. . . .	40,5	32,4	35
Trèfle mélangé d'herbes diverses. . . .	35,6	28,5	40
— — en pleine fleur.	21,7	17,4	66
— regain tardif	37,7	30 2	38
— jeunes pousses de l'année, tiges fleuries	31,7	35,4	45
— tiges très-courtes, non fleuries. .	37,7	20,2	38
Vesce d'hiver, très-tendre, de 35 à 50 centimètres de hauteur	44,9	35,9	32
Vesce commençant à fleurir (45 à 70 centimètres de hauteur)	41,3	33,0	35
Sainfoin (petite graine) en fleurs, de la plaine de Caen	22,5	18,0	64
Sainfoin [grande graine (2)] en fleurs, de la plaine de Caen, 1re coupe. . .	21,6	17,3	66
Sainfoin, 2e coupe, ayant porté graine, mais récoltée de bonne heure.	18,1	14,5	79

(1) Voir la note (1) de la page précédente.

(2) On désigne, dans la plaine de Caen, sous le nom de *grande*

DÉSIGNATION DES FOURRAGES.	PROPORTION D'AZOTE par kilogramme de fourrage complétement desséché.	PROPORTION D'AZOTE par kilogramme de fourrage fané à 20 p. 100 d'humidité.	POIDS équivalents (1).
	gr.	gr.	
Sainfoin, regain de 3ᵉ coupe, presque toutes feuilles	46,1	36,9	31
Herbes fines mêlées au regain précéd. .	45,8	36,6	31
Sainfoin, reg. très-tardif de novemb. :			
1° Feuilles de pieds, sans tiges . . .	40,6	32,5	35
2° Tiges feuillues, sans traces de boutons de fleurs	31,3	25.0	46
Trèfle commun, à l'état marchand. . .	20,1	18,1	64
Feuilles d'orme fanées, fin septembre.	29,5	23,6	49
Feuilles de peuplier du Canada, fanées, fin septembre.	29,8	23,8	49
Trèfle incarnat commençant à fleurir.	24 3	19,4	59
— en pleine fleur	24,3	19,4	59
— complétement fleuri. .	21,8	17,4	66
Minette en pleine floraison	31,2	25,0	46
Petit trèfle blanc en fleur.	37 0	29,6	39
Mélilot jaune	30,5	24,4	47

graine, la variété de sainfoin qui produit deux coupes de fourrage fleuri, dont la seconde porte habituellement graine ; tandis que le nom de *petite graine* est donné à la variété qui ne produit ordinairement qu'une coupe de fourrage fleuri, et qui est plus spécialement cultivée sur les petites terres.

Nous devons ajouter encore que les trois échantillons de sainfoin dont il s'agit ici, avaient été fanés dans les champs, à la manière ordinaire, c'est-à-dire en perdant beaucoup de feuilles, ce qui explique leur moindre richesse, comparée à celle du sainfoin dont il a été question précédemment.

La même observation s'applique au trèfle fané ordinaire.

(1) Voir la note de la p. 66.

La moyenne des résultats obtenus par les bons praticiens, pour les *poids équivalents* de plusieurs de ces fourrages, peut se représenter par les nombres suivants :

Foin de qualité ordinaire.	100	
— de première qualité de.	60 à 80	
— regain supérieur	50	58
Luzerne de qualité ordinaire.	50	90
Trèfle de qualité moyenne.	55	100
Sainfoin —	75	85
Vesces fauchées en fleurs	90	100

Si l'on fait entrer en ligne de compte la diversité de provenance et de qualité de chacun de ces fourrages, l'accord est assez satisfaisant.

Le tableau qui précède nous montre que, *pour chaque espèce de fourrage, le regain est beaucoup plus riche en matière azotée, que le fourrage en pleine floraison, et que la différence est à peu près comme du simple au double.*

La pratique de beaucoup de pays s'accorde effectivement à reconnaître aux regains une valeur nutritive bien supérieure à celle des fourrages plus avancés, du moins quand on les fait consommer par des animaux d'espèce bovine ou d'espèce ovine.

S'il se trouve, dans certaines contrées, des praticiens dissidents, c'est que les regains y sont récoltés trop tard et dans de mauvaises conditions, ce qui leur fait perdre une partie de leur valeur nutritive et les rend moins appétissants.

Classés par ordre de valeur, les fourrages fanés les plus usuels se rangeraient dans l'ordre suivant :

1º Vesce coupée en fleur ;
2º Petit trefle blanc ;
3º Sainfoin (petite graine) ;
4º Luzerne ;

5º Trèfle ;
6º Sainfoin (grande graine) ;
7º Foin de pré naturel ;
8º Ivraie vivace (*ray-grass*).

Il va sans dire, que nous supposons la qualité la même, sans quoi la comparaison n'aurait plus de signification positive.

CHAPITRE III

Valeur nutritive des différentes parties d'un même fourrage

On a dit, quelque part, que la tige du trèfle est plus nourrissante que la feuille, et qu'il en est de même pour la luzerne. — S'il en était ainsi, l'on pourrait se demander pourquoi les cultivateurs prennent tant de soin, pendant la récolte de leurs fourrages, de les conserver entiers avec toutes leurs feuilles, s'il est possible, et pourquoi le sainfoin, la luzerne et le trèfle perdent beaucoup de leur valeur marchande, lorsqu'ils ont perdu leurs feuilles dans une trop forte proportion pendant la fenaison; pourquoi le fleurain qui tombe dans les greniers à fourrages (fleurain composé presque exclusivement de débris de feuilles et de fleurs) est recueilli avec tant de soin par les bonnes ménagères, et mangé avec tant de plaisir par les animaux d'espèce ovine ou bovine.

Entre les assertions de quelques agronomes distingués, et la pratique usuelle de nombreux cultivateurs, il y avait donc un désaccord qu'il était intéressant d'étudier, pour être à même d'en pressentir la cause et d'en chercher l'explication s'il y avait lieu.

Pour essayer d'apporter quelques nouveaux éléments de discussion, j'ai choisi de bons échantillons d'essai de *trèfle*, de *luzerne*, de *sainfoin*, de manière à soumettre à l'expérience des spécimen de bonne qualité moyenne de chacun de ces fourrages; ensuite, j'ai divisé chacun des échantillons en quatre parties distinctes, savoir :

1º Les fleurs;

2º Les feuilles;

3º La partie supérieure des tiges (dépouillées de feuilles et de fleurs) comprenant du quart au tiers environ de leur longueur;

4º Le reste des tiges, comprenant les 2/3 ou les 3/4 de leur longueur, comptée à partir de leur extrémité inférieure;

5º Enfin, en secouant une botte de chacun de ces fourrages, on a obtenu des débris de feuilles et de fleurs qui représentent le *fleurain* des fenils.

L'analyse séparée de ces diverses parties a donné les résultats suivants :

TRÈFLE (1re COUPE)

	QUANTITÉ D'AZOTE PAR KILOGRAMME	
	à l'état fané ordinaire.	complétement desséché.
	grammes.	grammes.
Fleurs	27,7	36,3
Feuilles	31,4	40,4
Partie supérieure des tiges dépouillées de feuilles	14,3	18,1
Partie inférieure des tiges	8,4	11,5
Fleurain	31,4	39,0

La richesse moyenne en azote du fourrage entier s'élevait, à l'état normal et marchand, à 18 grammes 1 décigramme par kilogramme.

LUZERNE

	QUANTITÉ D'AZOTE PAR KILOGRAMME	
	à l'état fané ordinaire.	complétement desséché.
	grammes.	grammes.
Fleurs.	35,6	46,9
Feuilles.	32,0	42,7
Partie supérieure des tiges dépouillées de feuilles	16,3	21,0
Partie inférieure des tiges	9,6	15,5
Fleurain.	26,9	34,5

Richesse moyenne du fourrage entier, à l'état normal ou marchand, 18 grammes 5 décigrammes d'azote par kilogramme.

REGAIN DE LUZERNE

(Récolté au milieu de novembre 1854)

	PROPORTION D'AZOTE PAR KILOGRAMME	
	à l'état vert.	complétement desséché.
	grammes.	grammes.
Sommités des petits rameaux munis de leurs feuilles.	8,2	42,2
Petits rameaux étêtés munis de leurs feuilles.	6,7	41,6
Tiges sans feuilles	4,8	14,4

5

SAINFOIN (PETITE GRAINE)

	PROPORTION D'AZOTE PAR KILOGRAMME	
	à l'état fané ordinaire.	complétement desséché.
	grammes.	grammes.
Fleurs.	28,0	34,6
Feuilles	28,0	34,0
Partie supérieure des tiges dépouillées de feuilles	15,0	18,7
Partie inférieure des tiges	11,2	12,6
Fleurain.	23,2	28.8

Richesse moyenne du fourrage entier, à l'état normal ou marchand, 18 grammes 9 décigrammes d'azote par kilogramme.

SAINFOIN (GRANDE GRAINE)

1re Coupe

	QUANTITÉ D'AZOTE PAR KILOGRAMME	
	à l'état fané normal.	complétement desséché.
	grammes.	grammes.
Fleurs.	28,8	37,3
Feuilles.	23,5	29,9
Partie supérieure des tiges dépouillées de feuilles	12,1	17,6
Partie inférieure des tiges	9,5	15,6
Fleurain.	25,5	32,8

A l'état normal ou marchand, le fourrage entier contenait 14 grammes 8 décigrammes d'azote par kilogramme.

SAINFOIN (GRANDE GRAINE)

2e Coupe. ayant porté graine, mais récoltée avant la trop complète maturité de la graine

	PROPORTION D'AZOTE PAR KILOGRAMME	
	à l'état fané normal.	complétement desséché.
	grammes.	grammes.
Feuilles.	26,5	31,8
Partie supérieure des tiges dépouillées de feuilles	12,8	16,1
Partie inférieure des tiges	10,9	13,6
Fleurain, mêlé d'une petite quantité de graines incomplétement développées.	26,2	35,5

Le fourrage entier contenait, à l'état normal ou marchand, 14 grammes 8 décigrammes d'azote par kilogramme.

Enfin, si l'on compare au foin ordinaire des prairies naturelles le fleurain qui en provient, on arrive aussi à des conséquences comparables à celles que nous avons obtenues pour le fourrage des prairies artificielles ; c'est ce qui résulte des nombres ci-après rapportés :

	QUANTITÉ D'AZOTE PAR KILOGRAMME	
	à l'état fané ordinaire.	complétement desséché.
	grammes.	grammes.
Foin de pré naturel	11,5	15,0
Fleurain, partie la plus grossière. .	15,9	20,7
— partie la plus ténue . . .	18,9	22,5

Chacun de ces résultats, considéré en lui-même, offre un intérêt d'autant plus réel, que l'expérience de beaucoup de praticiens en a depuis longtemps confirmé l'exactitude.

Pour les rendre plus faciles à saisir dans leur ensemble, j'ai cru devoir les résumer dans deux tableaux distincts, dont l'un se rapporte aux fourrages complétement privés d'eau par dessiccation à l'étuve, et l'autre aux mêmes matières considérées à l'état de dessiccation où elles se trouvent au moment de leur emploi habituel.

I

FOURRAGES FANÉS A L'ÉTAT NORMAL

DÉSIGNATION DES FOURRAGES.	POIDS D'AZOTE PAR KILOGRAMME DE FOURRAGE					
	Fleurs.	Feuilles.	Partie supérieure des tiges.	Partie inférieure des tiges.	Fourrage entier.	Fleurain.
Trèfle ordinaire, 1re coupe	27,7	31,4	14,3	8,4	18,1	31,4
Luzerne, 1re coupe	35,6	32,0	16,3	9,6	18,5	26,9
Sainfoin (petite graine)	28,0	28,0	15,0	11,2	18,9	23,2
— (grande graine), 1re coupe	28,8	23,5	12,1	9,5	14,8	25,5
— (gr. graine), 2e coupe, porte graines.	»	26,5	12,8	10,9	14,6	26,2

II

FOURRAGES COMPLÈTEMENT PRIVÉS D'EAU

DÉSIGNATION DES FOURRAGES.	POIDS D'AZOTE PAR KILOGRAMME DE FOURRAGE.					
	Fleurs.	Feuilles.	Partie supérieure des tiges.	Partie inférieure des tiges.	Fourrage entier.	Fleurain.
Trèfle ordinaire, 1re coupe	36,3	40,4	18,1	11,5	23,7	39,0
Luzerne, 1re coupe	46,9	42,7	24,0	15,5	27,0	34,5
Sainfoin (petite graine)	34,6	34,0	18,7	12,6	22,5	28,8
— (grande graine), 1re coupe	37,3	29,9	17,6	15,6	24,6	32,8
— (gr. graine), 2e coupe, porte graines.	»	31,8	16,1	13,6	18,1	35,5

L'ensemble de ces divers résultats d'analyse nous conduit naturellement aux conclusions suivantes :

Dans tous les fourrages précédents, SANS AUCUNE EXCEPTION, *les* FLEURS *et les* FEUILLES *sont plus riches en azote que le reste du fourrage, c'est-à-dire, plus riches que la tige, poids pour poids.*

La différence est à peu près DU SIMPLE AU DOUBLE *dans le trèfle, la luzerne et le sainfoin.*

Le fleurain de ces mêmes fourrages contient également, à poids égal, deux fois autant de matière azotée que leurs tiges entières, dépourvues de feuilles et de fleurs. La différence est beaucoup plus grande encore si, au lieu de considérer la tige entière, on n'en prend que la partie inférieure.

Le fleurain du foin de pré naturel est aussi notablement plus riche en matière azotée que le foin lui-même; mais la différence paraît moins grande que dans le cas des fourrages artificiels.

On serait ainsi conduit à ranger dans l'ordre suivant les différentes parties de ces fourrages.

1° *Fleurs ;*

2° *Feuilles ;*

3° *Fourrage entier ;*

4° *Partie supérieure des tiges ;*

5° *Partie inférieure des tiges.*

Comme ces diverses parties entrent pour des poids différents dans la composition des fourrages entiers, il peut être intéressant de voir dans quelle proportion chacune d'elles contribue à la richesse totale du fourrage; c'est ce qu'on trouvera indiqué dans les deux tableaux qui vont suivre, et dont le premier se rapporte aux fourrages supposés complétement privés d'eau, le second aux mêmes matières prises à l'état de dessiccation ordinaire obtenue par le fanage.

III

Sur 100 parties d'azote contenues dans le fourrage entier complétement sec, il s'en trouve :

DÉSIGNATION DES FOURRAGES.	Dans les fleurs.	Dans les feuilles.	Dans le 1/3 supérieur de la tige.	Dans les 2/3 inférieurs de la tige.	Total.
Trèfle ordinaire, 1re coupe.	30,0	34,2	18,1	17,7	100
Luzerne, 1re coupe.	17,4	35,6	24,1	22,9	100
Sainfoin (petite graine)	13,8	46,2	19,6	20,4	100
— (grande graine), 1re coupe.	17,6	31,5	25,0	25,9	100
— 2e coupe. . . .	»	36,5	26,5	37,0	100

IV

Sur 100 parties d'azote contenues dans le fourrage entier pris à l'état fané ordinaire, il s'en trouve :

DÉSIGNATION DES FOURRAGES	Dans les fleurs.	Dans les feuilles.	Dans le 1/3 supérieur.	Dans les 2/3 inférieurs.	Total.
Trèfle ordinaire, 1re coupe.	29.3	34,8	18,8	17,1	100
Luzerne, 1re coupe.	17,3	35,1	25,4	22,2	100
Sainfoin (petite graine).	13,8	45,5	19 0	21,7	100
— (grande graine), 1re coupe.	17,6	31,1	25,0	26,3	100
— 2e coupe, porte graines.	»	36,3	26,7	37,0	100

5

Il résulte de l'inspection des tableaux qui précèdent, diverses conséquences, dont plusieurs ont déjà la sanction d'une longue expérience pratique et se trouvent justifiées par les préférences de certains animaux.

Par exemple, que l'on fasse consommer par des moutons un *fourrage entier de bonne qualité* (je choisis de préférence cette espèce d'animaux, parce que les dimensions de leurs organes leur permettent plus facilement de choisir); ils commenceront par les feuilles et les fleurs; ils mangeront ensuite la partie supérieure des tiges, et en dernier lieu la partie inférieure, qu'ils laissent parfois lorsqu'ils sont nourris à discrétion, tandis que l'examen de leurs restes n'y fait presque jamais voir de feuilles ni de fleurs.

Le perfectionnement des rateliers des bergeries modèles, a en partie pour but d'éviter la perte de ces débris de fleurs et de feuilles, que nous avons désignés sous le nom de *fleurain*.

Je ne cherche pas quelles sont les diverses raisons que l'on pourrait donner de cette préférence : je constate un fait bien reconnu par ceux qui se sont occupés de l'élevage du mouton.

Il serait difficile de persister à admettre, après cela, que, pour les moutons au moins, la valeur nutritive des feuilles n'est pas supérieure à celle des tiges, poids pour poids.

Dans beaucoup de pays de ma connaissance, les jeunes animaux qu'on veut élever avec soin, les jeunes agneaux surtout, reçoivent souvent, comme

premiers fourrages secs, des regains de prairies artificielles. Or, quelle différence y a-t-il entre ces regains et les fourrages plus développés des coupes
d'été? C'est que les premiers sont plus riches en
feuilles, et aussi plus riches de 30 à 40 pour 100 en
matières azotées. Il est donc permis, jusqu'à preuve
du contraire, de considérer les regains récoltés dans
de bonnes conditions comme plus nutritifs que les
fourrages de même espèce d'un développement plus
complet.

Pourquoi beaucoup de personnes ne partagent-
elles pas cette opinion sur les regains et sur les
feuilles?

Lorsqu'une opinion est accréditée, c'est qu'elle est
souvent jusqu'à un certain point motivée. Or, dans
le cas actuel, le motif principal nous paraît être celui-ci : les regains sont habituellement récoltés dans
une saison un peu avancée; ils sont fanés souvent
dans de moins bonnes conditions que les premières
coupes, partant, d'une conservation plus difficile.
La question pourrait donc se résumer ici en une
question de bonne ou de mauvaise qualité de fourrage, et tous les praticiens comprendront sans peine
l'importance de cette distinction.

La théorie pourrait donc encore avoir ici en partie
raison contre la pratique pure; ou du moins les
assertions qu'elle formule méritent, de la part des
praticiens amis du progrès, une sérieuse attention
et de nouvelles études suivies avec une scrupuleuse
exactitude.

Si nous consultons maintenant les tableaux qui précèdent, nous y trouverons que, non-seulement les feuilles et les fleurs sont de beaucoup les plus riches en matières azotées, mais que la théorie vient justifier la sollicitude avec laquelle tous les bons cultivateurs prennent à tâche de perdre le moins possible des feuilles et des fleurs de leurs fourrages artificiels pendant la fenaison, puisque, *dans un poids donné de ces fourrages, les feuilles et les fleurs réunies contiennent, à elles seules, au* MOINS LA MOITIÉ *de la somme entière des matières azotées renfermées dans le fourrage complet*, et qu'en les perdant, on peut diminuer beaucoup la valeur nutritive de celui-ci.

La richesse du *fleurain* ne justifie pas moins le soin qu'on a de le ramasser dans les fenils, et l'appétit avec lequel le mangent habituellement les vaches et les moutons, lorsqu'on le leur présente dans des conditions convenables.

Lorsqu'on dit, dans le langage ordinaire, que les parties les plus tendres d'un fourrage sont consommées les premières par les animaux qui ont la liberté de choisir, on pourrait ajouter que ce sont aussi les plus nutritives, poids pour poids.

L'on dit souvent qu'une plante fourragère s'appauvrit d'azote en vieillissant; si l'on prétendait par là que le poids de la récolte en masse contient une proportion d'azote d'autant plus faible, que la plante est récoltée dans un état de développement plus avancé, l'on serait dans une grave erreur; mais si l'on veut dire qu'un poids déterminé d'une espèce de fourrage donnée contiendra d'autant moins d'azote qu'il sera plus avancé dans son développement, on sera généralement dans le vrai, comme le montreront les trois exemples qui suivent :

— Le sainfoin (grande graine), complétement desséché, contient 21 grammes 8 décigrammes d'azote par kilogramme.

Le regain du même sainfoin en contient de 31 à 40 grammes.

— Le trèfle ordinaire, complétement desséché, contient 23 grammes 7 décigrammes d'azote par kilogramme.

Le regain de trèfle en peut contenir de 31 à 38 grammes..

— La luzerne ordinaire, complétement desséchée, contient environ 25 grammes d'azote par kilogramme.

Le regain de luzerne, dans le même état, en contient de 30 à 40 grammes.

A ces trois exemples on en pourrait ajouter beaucoup d'autres du même genre, qui conduiraient à des conséquences entièrement semblables.

S'il était bien établi que la valeur nutritive d'un fourrage est toujours proportionnelle à sa richesse en matières azotées, nous devrions conclure de ce qui précède que les feuilles et les fleurs du trèfle, de la luzerne et du sainfoin sont plus nutritives que la tige, à poids égal.

Si l'expérience semble avoir montré à beaucoup de personnes que les chevaux paraissent rechercher

plus volontiers les tiges que les feuilles de ces fourrages, il n'en est pas moins vrai que les expériences
de la Commission supérieure d'hygiène vétérinaire
ont constaté que *les feuilles de trèfle, de luzerne et de
sainfoin* peuvent constituer, PENDANT SIX MOIS, l'u-
nique nourriture des chevaux de troupe, sans que
leur santé ou leur embonpoint paraisse en souffrir.

CHAPITRE IV.

Fourrages verts.

L'influence de la nourriture verte sur la santé des animaux, particulièrement sur celle des bêtes d'espèces ovine et bovine, est telle, que cette nourriture doit être considérée comme devant, autant que possible, constituer la base normale de leur alimentation, plutôt que la nourriture sèche. L'étude comparative des divers fourrages verts les plus usuels offre donc aux méditations du chimiste et de l'agronome un sujet plein d'intérêt pratique.

Parmi les questions soulevées à l'occasion de la nourriture au vert, il en est une qui produisit, il y a quelques années, une grande sensation dans le monde agronomique. MM. Perrault de Jotemps avaient annoncé, comme résultat d'expériences faites sur des moutons et sur des vaches laitières, que le trèfle et la luzerne, coupés au moment de l'apparition do la première fleur, étaient plus avantageux, comme aliment pour le bétail, à l'état vert et frais qu'après le fanage; que 8 kilogrammes de ce fourrage vert valaient 3 kilogrammes du même fourrage fané, tandis qu'ils se réduisent, par le fanage, à 1 kilogramme 840 grammes, d'où il résulterait une différence de valeur nutritive de plus d'un tiers en faveur du fourrage vert, et par suite, que les matières alimentaires perdent beaucoup de leur valeur par le fanage.

M. Boussingault s'est empressé de répéter cette expérience (1), en y apportant les minutieuses précautions qui donnent à tous les travaux de l'illustre savant, ce cachet d'exactitude que l'on ne rencontre pas encore assez souvent dans les expériences agronomiques.

Il a soumis alternativement, à trois reprises différentes, une génisse au régime vert et au régime sec, avec les précautions suivantes :

On prenait chaque jour des poids égaux du même *fourrage vert;* l'un était donné à l'animal, et l'autre était fané avec soin, puis empoché, *de manière à n'en perdre aucune feuille.* Après dix jours de régime vert, on faisait consommer par la génisse les dix lots équivalents de fourrage sec.

Au bout de quelques jours, pendant lesquels l'a-

---

(1) *Annales de chimie et de physique,* IIIᵉ série t. **XVII,** p. 291.

nimal était nourri à discrétion, on recommençait une nouvelle série d'expériences semblables à la première.

M. Boussingault fit ainsi trois séries d'expériences, dont voici les résultats :

1ʳᵉ SÉRIE (*trèfle*).

Poids initial de la génisse. . . . . 270 kil.
Après dix jours de régime vert 267
       Perte. 3
Après dix jours de régime sec au même fourrage
fané. 272
       Gain. 5

2ᵉ SÉRIE (*trèfle*).

Poids initial. 306
Après dix jours de régime vert 301
       Perte. 5
Après dix autres jours de régime sec au même four-
rage fané 308
       Gain. 7

3ᵉ SÉRIE (*foin de pré naturel*).

Poids initial 329
Après dix jours de régime vert 333
       Gain. 4
Après dix autres jours de régime sec au même four-
rage fané 343.5
       Gain. 10,5

Les différences sont à peu près de l'ordre des erreurs d'observation ; par conséquent, il n'est nullement permis d'en conclure que le fourrage vert ait une valeur nutritive supérieure à celle du fourrage sec qui en provient par le fanage.

Il devenait donc extrêmement probable, que le fourrage sec dont parlaient MM. Perrault de Jotemps, ne représentait pas fidèlement le fourrage vert comme dans les expériences de M. Boussingault; qu'il devait y avoir eu un malentendu dans les conséquences que l'on avait tirées des expériences de MM. Perrault de Jotemps. L'habileté bien reconnue des expérimentateurs ne permettait pas d'autre interprétation. D'ailleurs, M. de Jotemps père a déclaré, plus tard, que sa pensée n'avait pas été comprise. « Les fourrages peuvent subir, pendant qu'on les fane, des pertes considérables, dit l'habile agronome, et c'est surtout à cause *de cette perte inévitable, et souvent très-considérable, en feuilles et en fleurs,* au fanage, qu'il y a grand avantage à faire consommer les fourrages en vert » (1).

En soumettant à l'analyse la plupart des fourrages verts usuels, j'ai obtenu les résultats suivants, rapportés tous, au moins pour la troisième colonne, au foin de pré naturel fané, que nous avons précédemment désigné sous le nom de *foin normal*, et dont le *poids équivalent* a été représenté par 100.

---

(1) *Moniteur des comices*, 1856-57. p. 23.

DÉSIGNATION DES FOURRAGES.	PROPORTION de matière sèche par kilogramme de fourrage vert.	QUANTITÉ D'AZOTE par kilogramme de fourrage vert.	POIDS équivalent.
	gr.	gr.	
Foin normal.	»	»	100
Seigle en herbe, de 18 à 20 centimètres de hauteur	235	5,1	213
Le même, au moment de l'épiage. . . .	236	4,3	267
Feuilles de blé très-fort, coupées avant l'épiage.	206	8,8	131
Vesce d'hiver très-tendre (35 à 50 cent.)	156	7,0	164
— commençant à fleurir (45 à 70 centimètres)	126	5,2	221
Luzerne avant la fleur.	200	6,6	174
— à la première fleur	222	5,9	195
— en pleine fleur	260	5,4	213
— regain tardif un peu dur . . .	227	6,8	169
Trèfle un mois avant la fleur.	168	6,8	169
— mêlé d'herbes.	177	6,3	183
— en pleine fleur.	230	4,9	238
— regain tardif.	167	6,3	183
— *jeunes pousses de l'année* : tiges fleuries.	157	4,9	238
Le même, id. tiges très-courtes non fleuries.	177	6,7	171
Sainfoin (grande graine), 1re coupe, commençant à montrer des boutons. .	181	6,5	172
Le même, commençant à fleurir. . . .	220	5,5	209
— en pleine fleur	224	4,7	215
Sainfoin (grande graine), 2e coupe, portant graine, fauché de bonne heure, analysé après la sépar. des graines . .	272	5,0	230
Sainfoin, reg., presque tout en feuilles.	203	9,5	121

DÉSIGNATION DES FOURRAGES.	PROPORTION de matière sèche par kilogramme de fourrage vert.	QUANTITÉ D'AZOTE par kilogramme de fourrage vert.	POIDS équivalent.
	gr.	gr.	
Sainfoin, regain, plus tardif et plus dur.	254	10,3	112
— monté en tiges de 15 à 20 cent.	375	11,6	99
Herbes diverses mêlées au regain. . . .	210	7,7	147
Minette commençant à défleurir, dans une prairie fraîche.	190	5,9	195
La même dans un pré sec et haut . . .	249	7,9	146
Trèfle blanc, en pleine fleur.	223	8,3	138
Foin de prairie fraîche (18 juin). . . .	237	3,4	338
— — (2 juillet). . . .	281	3,7	311
Mélange de *vesce* et de *pois* gris pour fourrage d'automne	144	5,5	209
Plant de colza.	81	3,5	329
Moutarde sauvage	121	4,1	280
Laiteron très-tendre (70 centimètres de hauteur.	67	2,1	540
Herbe de fer (renouée)	246	5,7	202
Séneçon, très-tendre.	68	3,5	329
Feuilles de *lierre*.	376	6,6	174
Ajonc (vignon, genêt épineux)	452	8,4	137
— extrémités de rameaux.	451	9,1	126
Houx (ilex aquifolius) jeunes pousses dépouillées de feuilles	522	3,6	319
Le même, feuilles seules.	480	6,9	167
— jeunes pousses entières. . . .	»	6,3	182
Gui des arbres fruitiers.	360	9,0	128
Chardons ordinaires (12 à 15 centimètres de hauteur).	120	5,6	205
Les mêmes, un peu fanés, ayant perdu 20 p. 100 d'eau	»	7,0	164

DÉSIGNATION DES FOURRAGES.	PROPORTION de matière sèche par kilogramme de fourrage vert.	QUANTITÉ D'AZOTE par kilogramme de fourrage vert.	POIDS équivalent.
	gr.	gr.	
Chardons plus avancés (25 centimètres de hauteur)	111	4,3	267
Les mêmes, ayant perdu 20 p. 100 d'eau.	»	5,4	213
— sur le point de fleurir, ayant 50 à 75 centimètres de hauteur. . . .	149	3,8	303
Les mêmes, ayant perdu 20 p. 100 d'eau	»	4,8	240
Persil	135	3,7	311
Ortie (1) commune en fleur	212	7,2	160
— ayant perdu 20 p. 100 d'eau . . .	»	9,0	128
— plus tendre (30 cent. de hauteur).	158	8,5	135
La même, ayant perdu 20 p. 100 d'eau.	»	10,6	109
Très-jeunes pousses d'*ortie*.	125	8,1	142
Feuilles d'*orme* très-tendres	240	10,1	114
— deux mois plus tard . .	300	11,3	102
— de septembre	324	9,5	121
— peu avant leur chute. .	367	7,5	153
Feuilles de *peuplier* du Canada, très-tendres.	216	8,8	131
Les mêmes, deux mois plus tard. . . .	271	9,5	121
Feuilles de *vigne* très-tendres.	217	9,2	125
— fin d'octobre	239	4,6	250
— au moment de leur chute.	240	3,5	329
Feuilles de *betterave* (5 septembre) :			
1° Feuilles basses	76	1,5	767
2° Feuilles moyennes.	97	3,3	330
3° Feuilles supérieures.	109	4,0	287

(1) Au moment de l'organisation de l'institution agronomique

DÉSIGNATION DES FOURRAGES.	PROPORTION de matière sèche par kilogramme de fourrage vert.	QUANTITÉ D'AZOTE par kilogramme de fourrage vert.	POIDS équivalent.
Les mêmes (7 novembre) :	gr.	gr.	
1° Feuilles basses.	100	2,8	411
2° Feuilles moyennes.	104	4,3	267
3° Feuilles supérieures	107	5,3	217
Sorgho à sucre de la Chine :			
1e coupe.	300	6,4	180
2e coupe (fin d'octobre).	300	7,5	153
Sorgho entier presque mûr.	300	3,2	350
Feuill de *sorgho* sépar. des tiges mûres.	492	9,4	122

Nous emprunterons encore à MM. Payen et Boussingault les résultats qui vont suivre :

DÉSIGNATION DES FOURRAGES.	PROPORTION de matière sèche par kilogramme de fourrage vert.	QUANTITÉ D'AZOTE par kilogramme de fourrage vert.	POIDS équivalent.
	gr.	gr.	gr.
* Feuill. et tiges vert. de *topinambour*.	200	5,3	217
* Fanes vertes de *pommes de terre* . .	240	5,5	209
* Feuilles de *carotte*	178	5,2	221
* — de *maïs*	980	10,8	115
* — de *tilleul*.	450	14,5	79
* — de *mûrier noir*.	279	10,0	115
* — de *rutabagas*.	90	3,8	303
* *Choux* pommés verts.	99	3,7	311

de Grignon, les orties étaient tellement abondantes, dans le parc,

Si nous admettons la proportionnalité entre la richesse en azote d'un fourrage et sa valeur nutritive, le tableau qui précède nous permettra un certain nombre de remarques qui ne seront pas sans quelque utilité pratique. Ainsi, nous y voyons :

1° Que la valeur nutritive de la plupart des *fourrages verts de prairies artificielles*, tels qu'on les fait consommer, peut être estimée approximativement à un peu moins du tiers de celle des fourrages fanés de ces mêmes prairies, que l'on fauche ordinairement dans un état de complète floraison, et à la moitié de celle du foin normal fané de pré naturel;

2° Que le *seigle vert* non encore épié, peut être placé sur la même ligne;

3° Que les *regains* verts sont plus riches que les mêmes fourrages ayant acquis un développement plus considérable, et que la différence peut s'élever parfois du simple au double.

On trouve même certains regains tardifs de sainfoin qui semblent valoir, poids pour poids, le foin normal fané de pré naturel.

On peut s'expliquer ainsi comment, dans l'arrière-saison, peuvent encore vivre et donner un produit

---

qu'en les fauchant plusieurs fois, l'on a pu en *nourrir* ENTIÈRE-MENT, *pendant deux mois et demi*. les vaches et les porcs de l'établissement. Les animaux se sont très-bien portés sous l'influence de ce fourrage vert. et l'on a pu remarquer qu'il était très-favorable à l'abondance et à la qualité du lait. (*Annales de Grignon,* 1re livraison, p. 31.)

passable, les vaches à lait de certains pays secs, qui
ne trouvent à pincer, chaque jour, que de rares
feuilles de regain de sainfoin, de luzerne ou de
trèfle, échappées à leur repas de la veille : la qualité
supplée ici en partie à la quantité.

Les *feuilles de lierre*, que broutent si volontiers,
dans l'hiver, les chèvres, les moutons et les vaches,
peuvent être mises sur la même ligne que les regains.

L'*ajonc* ou vignon, peut marcher de pair avec les
meilleurs regains. Les cultivateurs bretons admet-
tent, depuis longtemps, qu'il peut remplacer les deux
tiers de son poids de foin de pré ordinaire, et il est
assez remarquable de trouver, par l'analyse chimique, que sa richesse en matière azotée représente
à peu près les deux tiers de celle du foin de moyenne
qualité.

L'ajonc, qui résiste bien aux gelées ordinaires, qui
se conserve à l'état de fourrage vert sous la neige,
alors que le trèfle vert, la luzerne et le sainfoin
manquent depuis longtemps, est réellement un fourrage précieux pour les pays de landes, qui le produisent en abondance. Il peut entrer pour une très-
forte part dans la ration quotidienne du cheval sans
diminuer son énergie, et dans celle de la vache sans
altérer la qualité du beurre qu'elle produit. Il est à
peine utile d'ajouter que, pour éviter les inconvénients résultant des piqûres de ses feuilles rigides et
aiguës, l'ajonc doit être broyé avant d'être présenté
au bétail.

Les *jeunes pousses de houx* sont employées, dans certaines parties de la Bretagne, et en particulier dans le Morbihan, de la même manière que l'ajonc. « Cette plante, dit M. *Godard-Réau*, rend, dans l'hiver, « pendant cinq mois environ, de grands services aux « petits *ménages*, et même à beaucoup de fermiers. » Munis d'une espèce de faucille et d'une fourche, les hommes et les femmes qui récoltent ce fourrage, difficile à manier, coupent les jeunes pousses de l'année et en forment de grosses bottes. Ces jeunes pousses sont fortement pilées et données ensuite aux vaches qui les mangent avec plaisir, et donnent, sous l'influence de cette nourriture, un lait savoureux et abondant, et un beurre d'excellente qualité; les petites vaches du Morbihan reçoivent, avec un peu de foin, en trois fois, du houx pilé dans la proportion d'environ 6 kilog. pour les animaux du poids de 150 à 160 kilogrammes.

L'*ortie* ordinaire, encore tendre, peut également être considérée comme un excellent fourrage vert, lorsqu'on l'a laissée se faner un peu à l'air ou au soleil, pour amortir l'action de la substance que sécrètent ses feuilles. Immédiatement après la coupe, elle se placerait, par sa richesse en azote, au-dessus du vignon lui-même; elle doit lui être bien supérieure, lorsqu'un commencement de fanage lui a fait perdre une partie de son eau.

A l'état de complète dessiccation, c'est le fourrage le plus riche qu'il m'ait été donné d'examiner jusqu'ici, et cette richesse justifie bien l'emploi qu'en

6

font les bonnes ménagères pour la nourriture de leurs vaches à lait.

Le *chardon* lui-même, le désespoir du bon cultivateur, est un excellent fourrage, surtout pour les vaches laitières. Coupé lorsqu'il est encore tendre et qu'il n'a que 10 à 15 centimètres de hauteur, il vaut au moins son poids de trèfle vert : il vaut encore davantage lorsqu'il a été exposé à l'air pendant quelques heures pour diminuer la rigidité de ses épines, qui le rendraient désagréable aux animaux.

Lorsque le chardon est sec, il n'est pas consommé avec moins de plaisir par les moutons. J'en ai bien souvent donné à ces animaux en mélange avec divers fourrages; il n'en restait jamais dans leurs rateliers.

J'avais souvent entendu dire que les vaches sont très-friandes de *gui;* qu'on les fait accourir à plusieurs centaines de mètres, en leur montrant une touffe de cette plante une fois qu'elles y ont goûté. De bonnes ménagères m'affirmaient, en outre, que le gui améliore la qualité du lait et fortifie les vaches. Aussi, le réservaient-elles pour celles qui venaient de faire leur veau.

L'examen de quelques touffes de gui des pommiers à cidre, après en avoir rejeté les parties trop ligneuses ou trop dures pour être mangées avec plaisir, et qui représentent environ le cinquième du poids des touffes, est venu justifier, par sa composition, le plaisir avec lequel le consomment les vaches laitières. Il est résulté de cet examen deux conséquences : la première, c'est que le gui frais est un des fourrages verts les plus riches et les moins aqueux qui soient connus jusqu'ici ; la seconde, c'est que toutes les parties non encore ligneuses, ont à peu près la même valeur comme fourrage.

Si nous ajoutons que certains pommiers à cidre portent quelquefois quatre ou cinq touffes de gui, et que beaucoup de ces touffes pèsent plusieurs kilogrammes, on comprendra que, dans les années où le fourrage est rare, une récolte de gui peut, dans certains pays, fournir une ressource qui ne serait pas à dédaigner, tout en débarrassant de parasites épuisants, les arbres qui les portent et les nourrissent.

Je pourrais citer tel propriétaire du département de la Manche qui, dans le courant d'un seul hiver, en a retiré plus de 500 kilogrammes d'une soixantaine de pommiers, à la grande satisfaction de ses vaches laitières.

Enfin, la *moutarde sauvage*, connue dans divers pays sous les noms de *jotte*, de *guélot*, si elle ne constitue pas un fourrage de premier ordre, mérite néanmoins une mention toute spéciale, lorsqu'il arrive, comme cela est arrivé dans certains pays en 1861, que par son abondance elle couvre et domine, à la fin de mai, presque toutes les récoltes d'avoine, d'orge, et même de blé.

Dans de pareilles conditions, où son arrachage permet d'en obtenir en peu de temps une récolte abondante, en même temps qu'on en débarrasse les céréales, on n'on saurait trop recommander l'emploi comme fourrage, parce qu'on fait en une seule fois deux opérations utiles et avantageuses.

Les vaches s'en accommodent parfaitement, et peuvent trouver ainsi, pendant un mois environ, une nourriture verte qu'on n'a aucun intérêt à produire directement, il est vrai, mais qu'on a grand intérêt à détruire, surtout lorsqu'on peut le faire d'une manière ainsi doublement profitable. Il convient, toutefois, de lui associer des pailles et un peu de fourrage sec.

La renouée (herbe de fer, sarrasin des oiseaux), qu'on rencontre souvent sur les bords des chemins et dans les champs, dans certaines années, est encore un fourrage bien connu des petites ménagères des pays pauvres en prairies. Elle entre souvent pour une proportion considérable dans la ration de la vache du pauvre.

Comme fourrage vert, cette plante viendrait se placer, par sa richesse en matières azotées, sur la même ligne que les fourrages verts des prairies artificielles, à base de trèfle, de luzerne et de sainfoin, ce qui justifierait l'empressement avec lequel certaines personnes la recherchent, et les bons effets qu'elle produit sur les animaux qui s'en nourrissent.

Feuilles de vigne. — Dans la plupart des pays viticoles, les feuilles de vigne, au moment des vendanges, les produits de l'ébourgeonnage quelques mois plus tôt, constituent pour les vignerons une précieuse ressource comme fourrage vert; on peut même dire que, dans les mois de septembre et d'octobre , les feuilles de vigne forment souvent la plus forte partie de la nourriture de la vache du petit vigneron.

La cueillette de la feuille de vigne est facile, et peu d'instants suffisent pour l'approvisionnement de plusieurs jours , à une époque où le temps est précieux. L'analyse est venue montrer que ces feuilles ont une valeur qui les rapproche de la plupart des fourrages verts ordinaires.

Feuilles d'orme. — Lorsqu'on les destine aux vaches, les feuilles d'orme se cueillent comme les feuilles de vigne, en ébroussant à la main les jeunes rameaux, en allant de la base au sommet. Le plus ordinairement, dans les pays où cette pratique est commune, c'est l'ouvrage des enfants, qui montent sur les arbres munis d'un sac qui se trouve bientôt rempli. Les feuilles d'orme passent pour être un meilleur fourrage que les feuilles de vigne, résultat pratique vérifié par l'analyse chimique de ces deux fourrages.

Lorsqu'on destine ces feuilles aux moutons , la récolte s'en fait autrement : les ormes sont élagués tous les quatre ou cinq ans, exploités sous forme de têtards plus ou moins élevés, afin d'en obtenir le plus possible de branches.

L'élagage se fait à la fin de septembre ou au commencement d'octobre; on met de côté les grosses branches et on lie en bottes les rameaux et brindilles munis de leurs feuilles, après les avoir laissés faner à la manière des fourrages ordinaires. Ce fanage, lorsque le temps est sec, peut se terminer en vingt-quatre ou en quarante-huit heures. Les bottes de *feuillards* ainsi obtenues, sont ensuite entassées au fenil pour être consommées au commencement de l'hiver, et beaucoup de cultivateurs considèrent une botte de bon feuillard comme l'équivalent d'une botte de trèfle de qualité ordinaire.

J'ai vu, dans le département de Saône-et-Loire, une autre manière de faire consommer les feuillards par les moutons. Après avoir été coupées, à la fin de septembre, les branches sont dispersées et les feuilles consommées sur place. Cet usage est très-rationnel lorsque la sécheresse a rendu très-rare l'herbe des champs, à la fin de l'été.

Le tableau qui précède nous montre encore que ce n'est pas sans raison que les petites ménagères de nos campagnes vont à la recherche d'une foule de plantes diverses quelles utilisent comme fourrage vert.

Enfin, ce même tableau nous offre de nombreuses confirmations de ce fait : que chaque espèce de fourrage est d'autant plus nutritive, qu'elle est moins avancée dans sa végétation.

De toutes les acquisitions nouvelles de plantes ourragères sur lesquelles on a, dans ces derniers temps, appelé l'attention des cultivateurs, il n'en est aucune à l'occasion de laquelle on ait fait de plus magniques promesses qu'à l'occasion du *sorgho à sucre* de la Chine.

Laissant de côté le point de vue industriel de sa

culture, nous pouvons reconnaître, par les nombres inscrits à la fin du tableau, que ce n'est pas sans raison qu'on s'est plû à le considérer comme un excellent fourrage vert.

Considéré comme fourrage fané, le sorgho ne connaît pas de supérieur parmi nos fourrages ordinaires ; à l'état vert et frais, lorsqu'il est soumis à des coupes multiples, il est notablement supérieur à la plupart de nos plantes de prairies naturelles ou artificielles; enfin, les feuilles qu'on peut séparer des tiges mûres, moins aqueuses, sont plus riches encore. Son principal inconvénient est de craindre les gelées du printemps et d'être très-épuisant.

CHAPITRE V

Graines diverses

Les graines entrent souvent pour une certaine partie dans la ration du bétail, soit qu'on les donne séparément, comme on le fait de l'avoine pour les chevaux, soit qu'on donne à fourrager la plante munie de ses graines. C'est ainsi que, dans la plupart des fermes de la Beauce et du Gatinais, l'on donne de temps en temps, l'hiver, aux brebis allaitant leurs agneaux, de l'avoine en gerbes, de l'orge et quelquefois même du froment, lorsque le prix n'en est pas trop élevé sur les marchés. C'est ainsi que la plupart des vesces récoltées en graines, et la presque totalité des jarosses, sont consommées entières par les troupeaux en hiver. Seulement alors, on évite de laisser parvenir ces fourrages à une trop complète maturité. On y trouve plusieurs avantages : la paille en est meilleure comme fourrage, et les siliques s'ouvrent moins facilement pendant le fanage, ce qui occasionne une moindre perte de graine; enfin, les feuilles tiennent mieux à la tige.

Les pailles de blé que fourragent les animaux re-
tiennent toujours aussi quelques graines; les criblures en contiennent toujours beaucoup; de sorte
que l'on peut dire qu'il entre réellement ainsi presque
toujours, indirectement, une certaine quantité de
froment dans la nourriture du bétail.

Le tableau suivant donnera une idée de la valeur
comparative des graines communément employées
comme substances alimentaires. Seulement, comme
il serait peu rationel de comparer ces graines au
foin normal, d'après leur richesse en matières azotées, à cause de la différence de constitution de ces
deux sortes d'aliments, nous avons pris pour terme
de comparaison, l'une d'elles : le franc blé barbu de
la plaine de Caen.

Tous les nombres sont rapportés à 1 kilogramme
de matière, et l'on a supposé toutes ces substances
ramenées au point de siccité où elles contiendraient
16 p. 100 d'*humidité*, ce qui représente sensiblement
l'état moyen ordinaire.

DÉSIGNATION DES GRAINES.	POIDS de l'hectolitre.	AZOTE à l'état ordinaire	AZOTE à l'état com- plètem. sec.	POIDS équivalent.
	gr.	gr.	gr.	gr.
Franc *blé* ordinaire de la plaine de Caen.	82,8	21,5	25,5	100
Sarrasin de Sibérie	68,0	15,2	18,2	141
— gris ordin. dit Pigeonnet. .	66.25	19,8	23,6	109
— autre échantillon.	69,5	17,4	20,7	124

DÉSIGNATION DES GRAINES.	POIDS de l'hectolitre.	AZOTE à l'état ordinaire.	AZOTE à l'état complétem sec.	POIDS équivalent.
	gr.	gr.	gr.	
Sarrasin noir.	75,0	18,9	22,8	114
— gris ardoisé, mêlé au précédent.	73,5	18,1	21,6	119
Fleurain ou *vannures* de sarrasin ordinaire.	»	18,1	22,2	116
Graine de sainfoin (ordinaire).	30,0	39,1	46,1	55
— (gr. graine, la plus mûre).	31.9	39,1	46,6	55
— (— moins mûre) .	30,3	36,4	44,5	59
Pois des champs.	»	39,4	»	55
Féverolles	80,0	42.9	51,1	50
Seigle de la plaine de Caen. . .	72,4	16,6	19,7	130
Blé Chevalier (1).	81.7	17,6	20,9	123
— hybride de franc blé et de blé Williams.	»	17,7	21,1	65
Blé rouge d'Écosse.	»	19,2	22,9	112
— goutte d'or.	»	18,7	23,3	116
— sans désignation, à longs épis blancs.	»	18,7	22,8	115
Blé croisé du rouge d'Écosse et du blé de Dantzick.	83,2	18,5	22,0	86
Blé Burrel.	»	19,5	23,3	91
— de Northampton	»	18,7	22,3	87
— de la mer Noire	»	19,3	22,9	90

(1) Tous les blés qui vont suivre proviennent de la riche collection de M. Manoury, de Lébisey, intelligent cultivateur de la plaine de Caen.

Ces blés avaient été *récoltés la même année sur le même terrain*.

Cette collection a obtenu une *médaille d'or* au concours régional de Rouen, une *médaille de 2e classe* à l'Exposition universelle de Paris, etc.

DÉSIGNATION DES GRAINES.	POIDS de l'hectolitre.	AZOTE à l'état ordinaire.	AZOTE à l'état complétem. sec.	POIDS équivalent.
	gr.	gr.	gr.	gr.
Blé Popering	»	19,1	22,8	89
— hybride Dantzick - Standard rouge	»	19,7	23,5	92
Blé barbu hybride, issu du blanc de Flandre et du franc blé rouge à barbe	»	21,1	25,1	98
Franc *blé* blanc sans barbe. . .	»	20,9	24,8	97
Blé lammas rouge.	»	21,5	25,6	100
— roux anglais.	78,0	22,0	25,9	98
— chicot blanc.	»	22,3	26,4	97
— dur de Russie	»	22,3	26,5	97
— d'Australie	»	22,2	26,5	89
Franc *blé* sans barbe, issu du blé Brodier à grains rouges . . .	»	23,1	27,5	93
Gros *blé* dur d'Auvergne	»	24,4	29,1	89
Avoine blanche de printemps (Flers).	56,25	13,6	16,2	160
— grise d'hiver (de Lannion).	56,0	13,9	16,5	156
— noire de printemps (plaine de Caen)	50,6	14,0	16,6	155
Avoine grise d'hiver (plaine de Caen).	»	15,7	18,7	138
Avoine rouge de printemps (Falaise).	51,6	16,6	19,8	130
Vesce	»	43,8	51,2	50
Maïs	»	18,4	»	118
Millet	»	32,3	»	67

Nous ajouterons encore les nombres suivants empruntés à MM. Boussingault et Payen :

AZOTE
à l'état ordinaire.
—

* Avoine d'Alsace (1836)	19,2
* Avoine des magasins militaires de Paris. . .	17,2
* Pois des champs	40,3
* Maïs	16,4
* Maïs (autre).	20,0
* Millet.	33,0
* Riz.	12,0
* Graine de lin	32,8
* — de colza	27,8
* — de madia.	36,7
* Chènevis	26,0
* Faîne mondée.	13,6
* Noix mondées	26,0
* Glands verts non décortiqués.	8,2
* Glands secs décortiqués	8,0
* Orge d'Alsace	17,6
* Autre orge ordinaire.	19,8
* Orge d'hiver (escourgeon).	21:4
* — de Jérusalem	20,2

Il est indispensable d'ajouter quelques remarques au sujet du tableau qui précède :

Pour que tous les nombres qu'il renferme fussent rigoureusement comparables, il serait important que toutes les graines fussent amenées au même état de dessication, soit complète, soit mieux encore, à un état qui représentât leur état normal habituel, ou en différât extrêmement peu.

Prenons pour exemple les deux échantillons d'avoine d'Alsace et d'avoine grise d'hiver de Lannion : la première contient, par kilogramme, 875 grammes de matière sèche, et 125 grammes d'humidité ; la seconde ne renferme que 840 grammes de

matière sèche et contient 160 grammes d'humidité.
Il y a 5 grammes 3 décigrammes par kilogramme de
différence entre leur richesse en azote ; cette différence se réduirait à 4 grammes 5 décigrammes, si la
seconde avoine était desséchée au même degré que
la première.

Il est une autre circonstance qu'il ne faut pas
perdre de vue non plus : c'est que la plupart des
graines se sont vendues jusqu'ici à la mesure et non
au poids, et que c'est habituellement à la mesure
qu'elles sont distribuées aux animaux, du moins
dans la plupart des fermes. Les nombres inscrits
dans le tableau précédent permettront, à l'aide d'un
calcul fort simple, de déterminer la valeur nutritive
sous l'unité de volume (le litre), connaissant cette
valeur sous l'unité de poids (le kilogramme). Supposons deux échantillons d'avoine également riches en
azote, à l'état marchand, mais dont l'un pèserait 45
kilogrammes l'hectolitre, et l'autre 55 kilogrammes ;
en les prenant au poids, il paraît assez indifférent de
donner l'une ou de donner l'autre, pourvu qu'on en
prenne le même poids ; mais si l'on en prend au contraire des volumes égaux, il existera, entre les proportions de matières azotées contenues dans ces
deux volumes, une différence de plus d'un cinquième.

Il résulte de là que, lorsqu'un expérimentateur
purement praticien se livre à des essais comparatifs
sur la valeur nutritive des substances qu'il donne à
son bétail, il doit craindre, outre les causes d'erreur

7

qui tiennent à la nature même du sujet, celles qui proviennent de la diversité de valeur alimentaire des substances désignées sous le même nom; diversité que l'œil le plus exercé ne saurait apprécier avec, certitude, quand elle n'atteint pas 20 à 25 p. 100, et que l'analyse chimique seule peut convenablement établir.

C'est la connaissance de ces difficultés et les précautions qu'il a prises pour les éviter autant que possible, qui donnent un si haut degré d'intérêt aux recherches expérimentales de M. Boussingault.

Le tableau qui précède nous permet de faire encore quelques observations, au sujet de plusieurs des graines qui s'y trouvent inscrites : par exemple, nous y pouvons reconnaître que, la plupart du temps, dans les graines d'une même espèce, la richesse en matière azotée ne semble pas en rapport avec le poids de l'hectolitre; d'où cette conclusion probable que, *pour une même espèce de graines habituellement employées à l'alimentation, la valeur nutritive réelle peut être en désaccord notable avec la valeur marchande.*

C'est ainsi que le plus riche en azote de tous les échantillons de sarrasins qui figurent dans le tableau, est précisément celui qui pèse le moins à l'hectolitre.

C'est ainsi que l'avoine rouge de printemps des environs de Falaise, pesant moins de 52 kilogrammes, nous a donné, à l'état complètement sec, 19 grammes 8 décigrammes d'azote par kilogramme, et l'avoine blanche de printemps de Flers, seulement

16 grammes 2 décigrammes, bien qu'elle pesât plus de 56 kilogrammes à l'hectolitre.

A la rigueur, on pourrait objecter ici que la variété n'est pas la même, que la nature du sol producteur est différente. Mais peu importe la cause, le fait est constant, et mérite l'attention des praticiens. D'ailleurs, nous sommes porté à croire que l'influence du sol ne suffit pas toujours pour expliquer le fait d'une manière satisfaisante ; car nous avons obtenu, en opérant à la main des triages de qualités différentes d'un même échantillon d'une variété de blé non mélangée, *venues*, par conséquent, *la même année sur le même terrain*, des résultats analogues aussi singuliers qu'inattendus.

Voici ceux que j'ai obtenus, en opérant sur le blé rouge d'Écosse, sur le blé Chevalier et sur le franc blé ordinaire de notre plaine de Caen.

DÉSIGNATION DES BLÉS.	POIDS de L'HECTOLITRE.	AZOTE par kilogramme	
		Blé à l'état ordinaire.	Blé complètement desséché.
1° BLÉ ROUGE D'ÉCOSSE.	kil.	gr.	gr.
Les plus beaux grains triés à la main (1)	83,85	19,0	22,6
Grains *ridés très-maigres*	79,85	20,5	24,1

(1) Il faut avoir fait soi-même de pareils triages, pour se faire une idée du temps nécessaire pour obtenir ainsi une quantité un peu considérable de grain.

DÉSIGNATION DES BLÉS.	POIDS de L'HECTOLITRE.	AZOTE par kilogramme	
		Blé à l'état ordinaire.	Blé complétement desséché.
Grains *presque vides*, mais ne présentant pas trace de carie ni d'autre affection de cette nature	lit. 68,5	gr. 19,6	gr. 23,3
2° FRANC BLÉ BARBU DE LA PLAINE DE CAEN			
Grains *très-beaux*	84,0	21,4	25,5
Grains *ridés très-maigres*	80,0	23,6	28,1
3° BLÉ CHEVALIER			
Grains *très-beaux*	81,7	17,6	20,9
Grains *ridés très-maigres*	78,5	21,9	26,0
Grains *les plus maigres* que l'on ait pu trouver dans les criblures, presque vides	65,0	20,9	24,9

Dans chacun de ces trois cas, la différence s'élève à plus de 12 p. 100 en faveur des grains très-maigres.

Je ne pense pas que cette différence puisse être attribuée seulement à la différence de grosseur des grains; car, par une double analyse faite sur du blé rouge d'Écosse, en ayant soin de prendre les grains les plus petits, mais néanmoins bien nourris dans leur petitesse, grains que l'on pourrait considérer comme des miniatures des plus gros, je suis arrivé sensiblement au même résultat qu'avec les grains les plus gros ; ce qui semblerait indiquer que, pour une même variété de blé, dans les grains régulièrement conformés et développés, le rapport qui existe entre l'amidon et les matières azotées ne varie pas d'une manière sensible ; tandis qu'il existe au contraire une *différence réelle*, quand on compare les grains bien nourris et régulièrement développés à ceux dont le développement paraît s'être arrêté trop tôt. La comparaison des blés parvenus à leur complète maturité avec ceux qui, pour une cause quelconque, n'ont pas complétement mûri, devra conduire à cette conséquence : que les derniers sont plus riches que les autres en matières azotées, en éléments nutritifs plastiques, producteurs de chair et de sang.

Comme c'est dans les criblures que se trouvent la plupart des grains arrêtés dans leur développement longtemps avant leur maturité, il résulte de là que, lorsque celles-ci ne contiennent pas de graines malfaisantes, en les faisant consommer par les animaux, on donne réellement à ees derniers, sinon le meilleur grain, du moins une nourriture plus riche en principes azotés que celle que l'on donne aux hommes.

Il résulte encore de là, que les blés dits de seconde et de troisième qualités, lorsqu'ils sont purs de mauvaises graines et de maladie, doivent être les plus nourrissants : ce que semble confirmer depuis longtemps la supériorité nutritive de la plupart des pains bis des campagnes, confectionnés avec ces blés réputés inférieurs sur les marchés.

Le cultivateur nous paraît donc doublement comprendre son intérêt pécuniaire, lorsqu'il porte au marché le plus beau blé, qu'il vend d'autant plus cher qu'il lui a fait subir un plus grand déchet par le criblage, et lorsqu'il réserve pour la consommation de sa maison, ces déchets qui ont pour lui une *valeur réelle bien supérieure à leur valeur marchande.*

Il mérite encore notre approbation pour le même motif, à son point de vue, lorsqu'il fait consommer par son bétail des criblures exemptes de graines malfaisantes, au lieu de lui servir du grain d'une valeur marchande plus élevée.

Nous reviendrons plus tard, lorsque nous discuterons les principes du rationnement des animaux, sur d'autres conséquences qui découlent des nombres inscrits dans le tableau précédent.

CHAPITRE VI

Sons et issues diverses provenant de la mouture des graines ou de leur trituration

Si l'on excepte l'avoine et les vesces en gerbée, il est assez rare que les graines soient consommées en nature et entières par les animaux. Tantôt ces graines sont simplement concassées ou aplaties, pour en faciliter la consommation et la digestion ; tantôt l'on en sépare, pour la nourriture de l'homme, la plus grande partie de la matière amylacée, sous le nom de *farine*, comme dans la mouture des céréales ordinaires ; tantôt enfin, l'on en extrait pour l'industrie divers, produits d'une valeur commerciale bien supérieure à leur valeur alimentaire, comme dans le cas des graines oléagineuses.

Dans ces deux derniers cas, les animaux ne consomment que les résidus, connus sous le nom de *sons* dans le premier, sous celui de *tourteaux* dans le second.

Il est évident que la mouture, l'écrasement, le

concassage des graines que l'on fait consommer en
nature n'en saurait changer la composition, si l'on
n'en sépare aucune de leurs parties; cependant, on
comprend aisément que cette division préalable
puisse, dans certains cas, surtout lorsqu'il s'agit de
graines dures ou d'animaux dont les dents sont
usées, faciliter d'une manière sensible l'action des
organes digestifs. Nous aurons occasion, par la suite,
de revenir sur cette question, lorsque nous nous occuperons des diverses préparations que l'on peut faire
subir aux aliments avant de les faire consommer.

Le son de froment contient en moyenne, par kilogramme :

Amidon, dextrine et matière sucrée . . . de   500 à 550 gr.
Azote. . . . . de   20 à 30
Matières grasses. . . . . de   30 à 40
Cellulose indigestible. . . . . de   9 à 10
Substances minérales. . . . . de   5 à   6
Eau . . . . de   125 à 150

La composition du son varie suivant la nature et
la qualité du grain dont il provient, et aussi suivant
la manière dont le grain a été moulu ou bluté. Par
exemple, il est évident que, pour une même espèce
de grain, la composition du son ne saurait être la
même lorsque le blutage en a réduit la quantité à
13 p. 100, et lorsque cette proportion s'élève à 25 ou
à 30 p. 100 du poids du grain.

M. Boussingault avait annoncé, il y a déjà longtemps, que le son *ordinaire* contient plus de principes
plastiques que la farine bien pure, et qu'il doit, par

conséquent, être une substance très-nutritive, ce que l'expérience des bons praticiens avait déjà constaté avant que les théoriciens connussent la nature des principes dont le son est composé. L'habile chimiste agronome avait trouvé, dans un blé contenant 143 millièmes de matière azotée, que la farine blutée qu'on en retira ne contenait que 134 millièmes de matière azotée, tandis que le son qui en provenait renfermait 200 millièmes de ces mêmes matières.

Il°avait trouvé de même que *le son contient au moins* DEUX FOIS AUTANT *de matières grasses* que la farine : ces résultats ont été confirmés depuis par de nombreuses analyses.

En remoulant et blutant quatre fois de suite du son contenant 130 millièmes de substances azotées, on a augmenté, dans le son provenant de la dernière opération, la proportion de matière ligneuse non digestible ; mais la proportion de matière azotée s'est accrue aussi : elle s'est élevée de 130 à 160 millièmes.

L'ensemble de ces résultats nous conduit à penser que, dans le froment, la matière azotée doit se trouver beaucoup plus abondante qu'ailleurs dans la partie de la graine située sous la pellicule épidermique, et que, *loin d'accroître la valeur d'une farine par la séparation d'une forte proportion de son, on la prive au contraire de la partie la plus riche en matières nutritives, susceptibles de produire de la chair et du sang.*

En extrayant du blé par le blutage 15 ou 20, et même 25 p. 100 de son, au lieu de 2 ou 3 p. 100 de matière indigestible qu'il renferme, *c'est donc absolu-*

7.

*ment comme si l'on diminuait de 12 à 20 p. 100 le pro-
duit des récoltes de froment ;* c'est-à-dire que la consommation par l'homme de la majeure partie des
remoulages et des recoupettes, en mélange avec les
farines, suffirait, dans la plupart des cas, pour parer
à l'insuffisance des récoltes.

Il resterait maintenant à savoir si cette consommation directe du son par l'homme serait beaucoup plus
avantageuse que sa transformation en viande, résultant de l'emploi qu'on en peut faire pour la nourriture du bétail.

M. Mège-Mouriès a signalé l'existence, dans le son,
d'un principe particulier, jouissant à un haut degré
de la propriété de rendre l'amidon soluble, et par
suite d'en faciliter et d'en activer la digestion.

Un exemple suffira pour faire comprendre les éner-
giques effets de cette substance remarquable : si
l'on prend deux quantités égales d'empois d'amidon
chauffé à 40 ou 50 degrés, que l'on ajoute à la première de l'*eau de son* préparée à tiède, et à la seconde
le même volume d'eau pure, l'on verra disparaître
assez rapidement la première partie d'empois, tandis
que la seconde n'éprouvera pas de changement sensible.

Les sons ordinaires, si riches en matières azotées,
peuvent être considérés comme formés de deux pel-
licules accolées l'une à l'autre.— La pellicule *externe*
est une sorte de matière ligneuse inerte, indifférente
aux phénomènes de l'assimilation. — La pellicule
interne contient dans son tissu, tout cet excès de

phosphates, de matières azotées, de substances grasses, et l'essence aromatique que l'analyse chimique a trouvés dans le son obtenu par les procédés ordinaires de mouture. C'est encore dans cette pellicule interne, que résident ces matières qui agissent avec tant d'énergie sur l'amidon; c'est là qu'il faut chercher la cause du goût spécial et agréable des pains fabriqués avec les bonnes farines bises, la cause du plus grand rendement de celles-ci au pétrin, la cause principale de la plus grande valeur nutritive du bon pain bis.

Ce que nous venons de dire des sons pourrait cesser d'être vrai si, par de nouveaux procédés de mouture, on parvenait à réduire beaucoup la partie interne du grain qui reste attachée à l'enveloppe extérieure; le son pourrait alors perdre une partie plus ou moins considérable de sa valeur alimentaire actuelle.

M. Mège-Mouriès s'occupe encore, avec une louable persévérance, de la panification de toute la substance nutritive du froment, et les résultats vraiment remarquables qu'il a déjà obtenus sont fort encourageants.

Nous allons indiquer, dans le tableau qui va suivre, la teneur moyenne en azote de plusieurs sortes de sons et produits divers de mouture, comparée à celle des graines qui les ont fournis, et en prenant pour terme de comparaison, comme nous l'avons fait pour les graines (page 105), le franc blé de la plaine de Caen.

DÉSIGNATION DES MATIÈRES.	MATIERE sèche par kilogramme.	AZOTE par kilogr. à l'état normal.	POIDS équivalent.
	gr.	gr.	
Franc blé de la plaine de Caen	»	21,5	100
* Froment (valeur moyenne)	860	22,2	97
* Son de la Manutention militaire de Paris (1)	862	23,0	93
* Gros son	790	19,0	113
* Farine d'orge des magasins militaires de Paris.	870	21,4	100
* Pain formé de seigle, d'orge et de son, pour les chevaux.	580	10,4	207
Touraillons secs	800	39,2	55
Gros son de franc blé, 23 kilogrammes 1 dixième l'hectolitre	840	24,8	87
Petit son de franc blé, 31 kilogrammes 6 dixièmes l'hectolitre.	840	25,5	83
Gros son de blé chicot (2), 21 kilogr. 15 centièmes l'hectolitre	840	22,1	97
Petit son de blé chicot, 33 kilogrammes l'hectolitre.	840	23,5	91
Gros son de gros blé, 28 kilogrammes 8 dixièmes l'hectolitre	840	23,1	93
Petit son de gros blé, 32 kilogrammes 66 centièmes l'hectolitre	840	24,8	87
Avoine entière.	840	15,7	137
— farine fine, assez mal blutée. . .	840	17,4	124
— gruau ductile, contenant encore un peu de son.	840	21,1	102

(1) Les nombres marqués d'une astérisque (*) sont empruntés à MM. Payen et Boussingault, les autres nous sont personnels.

(2) Blé sans barbe (nom général).

DÉSIGNATION DES MATIÈRES.	MATIÈRE sèche par kilogramme.	AZOTE par kilogr. à l'état normal.	POIDS équivalent.
	gr.	gr	
Avoine, son grossier retenant encore un peu de farine.	840	7,8	276
Sarrasin de Sibérie entier, 68 kilogr. l'hectolitre.	840	15,3	141
Sarrasin de Sibérie, farine contenant un peu de son.	840	18,4	117
Sarrasin de Sibérie, son très-pauvre, retenant encore un peu de farine. . . .	840	5,7	377
Sarrasin ordinaire, 69 kilogrammes et demi l'hectolitre.	840	17,4	124
Sarrasin ordinaire, farine retenant un peu de son.	840	20,8	103
Sarrasin ordinaire, son maigre, retenant un peu de farine.	840	8,3	258
Sarrasin ordinaire, son complétement exempt de farine (enveloppes pures) .	840	4,0	537
Vannures et fleurain de sarrasin.	840	18,7	115
Graine de sainfoin.	840	39,1	55

L'inspection des nombres inscrits dans ce tableau nous montre que, pour un même blé, le gros son est moins riche en matière azotée que le petit son, à poids égal; ce que l'on peut expliquer par une prédominence relativement plus grande de la pellicule épidermique ligneuse dont nous avons parlé précédemment. Nous y voyons aussi que la richesse en matières azotées, même dans le gros son commercial, est au moins égale à celle du blé entier, poids pour poids.

Enfin, si nous cherchons à établir une comparaison entre la valeur, à ce point de vue, des sons provenant des trois principales espèces de blé cultivées dans notre plaine de Caen, ils se placeront dans l'ordre suivant, par ordre de richesse en matière azotée nutritive :

1° Le son de franc blé (barbu);

2° Le son de gros blé (id.);

3° Le son de blé chicot (sans barbe).

La différence est d'environ 10 p. 100 entre les sons correspondants du premier blé et du dernier.

Si, du froment, nous passons à l'avoine et au sarrasin, nous voyons au contraire que la farine en est toujours plus riche que le grain entier, tandis que le son en est d'autant plus pauvre, que le blutage en a été plus parfait. C'est qu'ici l'épaisseur de l'enveloppe *ligneuse* est beaucoup plus considérable que dans le froment; sa présence appauvrit d'autant plus son mélange avec la matière amylacée sous-jacente.

Ce qui semble montrer que, pour l'avoine du moins, la partie la plus externe de l'amande doit être, comme pour le froment, plus riche en matière azotée que la partie plus centrale; c'est que si l'on isole, même imparfaitement, par un tamisage méthodique, cette partie externe, plus ductile et plus difficile que le reste à réduire en fine farine, et qu'on la soumette séparément à l'analyse, on trouve que sa richesse en matière azotée surpasse de près d'un tiers celle de la farine fine. M. *Payen* avait déjà signalé depuis longtemps que, dans la pomme de terre, la proportion de matière azotée augmente en allant du centre vers la surface.

Il est extrêmement probable que cette matière azotée superficielle joue un rôle important dans la digestion des graines qu'on fait consommer sans mouture préalable, comme elle est appelée à faciliter, en y contribuant elle-même, la première nutrition des jeunes plantes.

Enfin la dernière ligne du tableau justifie complétement ceux qui ont soin de recueillir pour les bestiaux les vannures du sarrasin.

En examinant d'une manière toute spéciale les divers produits courants de la mouture du sarrasin (1), j'y ai trouvé des différences beaucoup plus considérables que les différences connues jusqu'ici entre les divers produits de la mouture du froment; le tableau ci-après en donnera une idée; les matières sont supposées contenir toutes 16 p. 100 d'humidité.

PRODUITS DES MOUTURES.	AZOTE par kilogramme de matière.
	gr.
Sarrasin entier	18,0
Farine blanche très-fine.	7,1
Farine plus grosse et jaune	32,6
Farine plus grosse encore	49,8
Son ordinaire.	20,5
Enveloppe corticale pure.	4,5

(1) *Recherches analytiques sur le surrasin*, considéré comme substance alimentaire. Goin, éditeur. In-8, 1858.

C'est-à-dire *qu'il peut exister, entre les divers pro-duits de la mouture* D'UN MÊME SARRASIN, *sous le rapport de leur richesse en principes azotés, des différences telles, que l'un peut contenir plus de* DIX FOIS *autant d'azote que l'autre.*

La farine la plus grosse peut contenir une proportion d'azote égale à DEUX FOIS ET DEMIE *celle que l'on trouve dans le sarrasin qui l'a fournie.*

Le son qui provient de la mouture ORDINAIRE *du sar-rasin est plus riche en azote que le grain lui-même* : ce qui peut s'expliquer par la présence d'une certaine quantité de la plus grosse farine.

Si l'on fait un rapprochement entre la richesse des blés et celle des sarrasins, et surtout si l'on compare les produits alimentaires de leur mouture, on cessera d'être surpris de voir le sarrasin former dans certains pays, et non sans succès, la base de la nourriture de l'homme, et produire sur les animaux de remarqua-bles effets; c'est que la farine de sarrasin peut, dans certains cas, renfermer, à poids égal, plus de matière azotée que la farine de froment.

Les tableaux qui précèdent nous montrent que, pour l'avoine et pour le sarrasin, le son est d'au-tant plus pauvre, comme aliment, qu'il contient moins de farine, tandis que dans l'état actuel des procédés de mouture, le son de froment est con-stamment plus riche en matières azotées que le grain qui l'a fourni, par conséquent plus riche que la farine elle-même.

Enfin, nous trouvons encore, dans les données fournies par ces tableaux, la confirmation de l'explication de ce fait, admis par les praticiens, que la graine de sainfoin vaut, comme aliment pour les chevaux, près de trois fois son poids d'avoine.

CHAPITRE VII

Importance de la distinction à établir entre les équivalents nutritifs rapportés au poids et ceux qu'on rapporte au volume, pour les matières alimentaires susceptibles de ces deux genres d'appréciation.

Jusqu'à présent, nous avons toujours rapporté à l'unité de poids, la proportion d'azote et l'équivalent alimentaire des substances que nous avons étudiées. Il serait difficile de procéder autrement, lorsqu'il s'agit des fourrages proprement dits, parce que leur volume est essentiellement variable, suivant la manière dont ils ont été manipulés. Lorsqu'au contraire il s'agit de graines, de sons ou de farines, qui s'emploient couramment à la mesure plutôt qu'au poids, il peut être intéressant de rapporter à l'unité de mesure, au litre, par exemple, leur richesse et leur pouvoir nutritif.

On trouvera réunis, dans le tableau suivant, quelques-uns de ces renseignements :

DÉSIGNATION DES MATIÈRES.	AZOTE par kilogramme.	AZOTE par litre.	PROPORTION équivalente en kilogr.	PROPORTION équivalente en litres.
	gr.	gr.		
Franc blé barbu de la plaine de Caen.	21,5	17,80	100	100
Avoine grise d'hiver de Lannion .	14,9	7,39	156	241
— blanche de print. de Flers.	13,6	7,37	160	242
— rouge de print. de Falaise.	16,6	8,41	130	211
— noire de Caen.	14,0	6,78	155	262
Sarrasin de Sibérie.	15,2	9,80	141	182
— noir	18,9	14,31	114	124
— gris ordinaire (beau). . .	18,2	12,10	118	147
Seigle de la plaine de Caen. . . .	16,6	12,02	130	148
Féveroles.	42,9	34,96	50	51
Vesces	43,0	35,83	50	50
Graine de sainfoin.	39,1	11,98	55	149
Gros son de franc blé	24,8	5,50	87	324
Son plus fin.	25,9	8,79	83	202
Gros son de gros blé.	23,1	6,45	93	276
Son plus fin.	24,8	8,00	87	222
Gros son de blé chicot	22,1	5,24	97	340
Son plus fin.	23,6	7,71	91	231

Les nombres qui figurent dans ce tableau, nous montrent qu'il faut soigneusement distinguer, dans les applications que l'on veut faire des données de la théorie, la valeur nutritive de l'unité de volume de celle de l'unité de poids, même lorsqu'on procède par comparaison; car la graine de sainfoin et le sarrasin ordinaire n° 2 ont à peu près le même équi valent nutritif sous le même volume, tandis que, pris

sous le même poids, ils présentent une différence
d'environ 60 p. 100 en faveur de la graine de sainfoin.

La graine de sainfoin et le seigle ont, sous le même
volume, sensiblement la même valeur alimentaire,
tandis que, sous le même poids, la richesse de la
graine de sainfoin est presque triple de celle du
seigle.

Nous voyons de même, l'avoine rouge se placer
très-près du petit son de franc blé, lorsque l'on compare ces deux substances sous le même volume;
tandis qu'il existe une différence de 50 p. 100 en faveur du son, lorsqu'on les compare sous le même
poids.

Enfin, nous voyons les sons constamment placés
au-dessus du franc blé pris pour type lorsqu'on les
compare sous le même poids, tandis qu'ils se placent
bien au-dessous, qu'il en faut environ deux fois et
demi à trois fois plus, si on les compare au volume.

Ces simples rapprochements, qu'il serait facile de
multiplier, suffiront pour montrer l'importance de la
remarque sur laquelle je désirais appeler l'attention
du lecteur.

CHAPITRE VIII

Graines oléagineuses, tourteaux.

On a placé avec raison, dans ces derniers temps, les tourteaux de graines oléagineuses au premier rang parmi les substances propres à l'alimentation des animaux.

Les graines oléagineuses contiennent, en effet, en proportion assez considérable, une matière azotée qui a beaucoup d'analogie avec la caséine ; cette matière reste à peu près en totalité dans les tourteaux, avec 10 à 12 p. 100 de matières grasses et des phosphates en assez notable proportion. Les tourteaux ne contiennent qu'une petite quantité de matière ligneuse à peu près indigestible, provenant de l'enveloppe de la graine.

Le tourteau d'œillette est très-estimé pour l'engraissement, ainsi que le tourteau de lin.

Celui de colza passe pour plus favorable à la sécrétion du lait ; mais on lui a quelquefois reproché, ainsi qu'à celui de moutarde, de posséder un principe acre qui résiste à la digestion, et peut communiquer aux fumiers une causticité assez prononcée pour irriter les pieds des animaux, si l'on n'a pas la précaution de les pourvoir d'abondante litière et de faire écouler ou absorber le purin s'il est trop abondant. On évite cet inconvénient en ne faisant entrer le tourteau de colza que pour un quart ou un cinquième dans la ration.

Le tourteau de sésame avait d'abord été mal noté chez quelques praticiens ; mais il est reconnu maintenant, depuis les expériences de MM. *Payen* et *de Gasparin*, que ce tourteau peut être considéré comme un bon aliment pour les vaches laitières, dont il enrichit un peu le lait, et qu'il peut être avantageusement employé pour l'engraissement à l'étable.

Les tourteaux de chanvre et de faînes, employés en trop forte proportion, peuvent donner la diarrhée aux animaux ; mais c'est lorsqu'on en fait en quelque sorte un usage abusif. Ajoutons encore, que le tourteau de faînes non mondées, contient une forte proportion de matière ligneuse non digestible, qui en rend l'emploi assez difficile pour l'alimentation du bétail.

Les tourteaux, avant d'être présentés aux bestiaux, sont habituellement concassés et délayés dans l'eau tiède, puis mêlés à d'autres aliments : balles de froment ou d'avoine, siliques de colza, son, paille, ou autres fourrages hachés, etc.

D'autres fois, ils sont employés en poudre grossière légèrement humectée.

La proportion la plus commune ne dépasse guère

5 à 600 grammes par jour pour un cheval, 100 à
125 grammes pour un mouton. — Lorsqu'il s'agit
d'un bœuf à l'engrais, on élève progressivement la
dose depuis 500 grammes jusqu'à 2 kilogrammes.

Le tableau qui suit contient les données relatives
à la richesse en azote des tourteaux les plus usuels,
auxquels on a joint quelques espèces de graines susceptibles d'être employées en nature à l'alimentation
de certains animaux.

On y a supposé toutes ces matières amenées au
point de dessiccation où elles enferment la proportion normale de 10 p. 100 d'eau, ce qui représente
assez bien l'état moyen.

Enfin, pour rendre plus comparables les poids de
ces diverses substances, que l'on peut considérer
comme équivalents entre eux, nous les avons tous
rapportés à l'un d'entre eux, le tourteau de lin, que
nous avons représenté par 100.

DÉSIGNATION DES SUBSTANCES.	AZOTE par kilogramme de matière à l'état normal.	POIDS équivalent.
	gr.	
Tourteau de graine de *lin*	54,0	100
Graine de *lin*	31,7	170
Tourteau de *colza*.	49,9	108
Graine de *colza*.	28,1	189
Tourteau de *madia sativa*.	51,2	105
Tourteau de *chènevis*	55,8	97
Graine de *chènevis*	96,6	203

DÉSIGNATION DES SUBSTANCES.	AZOTE par kilogramme de matière à l'état normal.	POIDS équivalent.
	gr.	
Tourteau de *faînes*.	40,5	133
Faînes mondées (1)	17,7	305
Tourteau de *noix*.	50,3	107
Noix mondées.	25,6	211
Tourteau d'*arachide*.	54,6	99
— de *cameline*.	50,1	108
— de *sésame*.	50,1	108
— d'*œillette*	63,0	86
— de *thlaspi*.	35,6	152
— de *colza panaché* de Bombay	56,5	96
— de *béraf* (graine de melon d'eau du Sénégal). . . .	48,9	110
— de *moutarde sauvage*. .	51,2	105

Si le nouveau procédé d'extraction des huiles de
graines par le *sulfure de carbone*, qui préoccupait
tout récemment encore nos fabricants d'huiles,
était appelé à remplacer un jour les procédés
actuels, il en résulterait des tourteaux presque entièrement purgés d'huile et plus riches en matière
azotée.

(1) Les faînes mondées fraîches, contiennent habituellement
30 p. 100 d'eau au lieu de 10, de sorte que le poids équivalent
donné ici se trouve notablement diminué : il devrait être porté
à 392.

Mais si ces tourteaux peuvent acquérir par là plus de valeur comme engrais, ils perdraient beaucoup de valeur comme aliments, pour deux raisons : la première, c'est que la matière grasse des tourteaux actuels joue aussi un rôle important dans l'alimentation; la seconde, c'est qu'il est douteux que les tourteaux obtenus par le sulfure de carbone soient facilement acceptés par les bestiaux.

CHAPITRE IX

Des pailles diverses.

La valeur comme fourrage, des pailles de céréales, est plus variable que celle de la plupart des autres matières alimentaires. Cette valeur dépend surtout :

1° De la plus ou moins grande quantité de grain restée dans l'épi, et indirectement de la manière dont la paille a été battue (au fléau, à la machine, ou par dépiquage;)

2° De la variété à laquelle appartient la céréale, et du sol qui l'a produite;

3° De la maturité du grain;

4° Des conditions dans lesquelles a été faite la récolte, et par suite desquelles la paille peut avoir été rentrée sèche ou humide;

5° Elle dépend encore de la hauteur à laquelle la paille a été coupée, fauchée très-bas ou sciée très-haut;

6° Enfin, la valeur nutritive des pailles de céréales

dépend aussi de la quantité et de la nature des herbes mélangées aux gerbes, et de l'abondance relative des feuilles.

Jusqu'ici, et pendant longtemps encore sans doute, les pailles de céréales constitueront la plus forte partie des pailles employées comme fourrage, quoique d'autres puissent aussi servir avantageusement au même usage.

L'on a réuni, dans le tableau qui suit, les nombres qui expriment la valeur nutritive comparée de diverses pailles, d'après leur richesse en matière azotée; les poids équivalents sont rapportés à 100 de foin normal.

NATURE DES PAILLES (1).	MATIÈRE sèche par kilogramme.	AZOTE par kilogramme.	POIDS équivalent.
	gr.	gr.	
* Paille de blé des magasins militaires de Paris	910	4,9	235
* 1/4 supérieur, épis vides compris. . . .	906	8,3	138
* 3/4 inférieurs.	947	4,1	280
* Paille de seigle des environs de Paris. .	874	4,2	274
* — d'orge.	890	2,5	460
* — d'avoine.	880	3,4	338
* — — de Béchelbronn.	713	3,9	315
* Balles de froment.	885	8,3	138

(1) Les articles marqués d'une astérisque (*) sont extraits des travaux de MM. Payen et Boussingault; les autres nous sont entièrement personnels.

NATURE DES PAILLES.	MATIERE sèche par kilogramme.	AZOTE par kilogramme.	POIDS équivalent.
	gr.	gr.	
* Paille de pois.	915	17,9	64
* — de lentilles.	908	10,1	114
* — de millet.	810	7,8	147
Paille de sarrasin.	840	5,8	200
— — 1/3 supérieur	840	7,0	164
— — 2/3 inférieurs	840	4,6	250
— très-courte de sarrasin mal venu. .	840	11,8	97
— de colza (vieille)	840	4,4	261
— — ramilles portant les siliques.	840	5,7	202
Paille de colza 1/3 supérieur de la tige au dessous de la partie précédente. . .	840	4,2	274
Paille de colza 2/3 inférieurs.	840	4,0	287
— — lamelles de séparation des siliques, et pédoncules	840	7,4	155
Paille de colza siliques	840	6,1	188
— de blé bleu.	840	5,4	213
— de blé goutte d'or	840	5,1	226
— de gros blé rouge.	840	3,4	338
Épis vides de la paille précédente	840	6,6	174
Feuilles seules.	840	4,9	235
— 1/4 supérieur de la paille dépouillée de son épi et de ses feuilles.	840	3,9	295
Feuilles seules 3/4 inférieurs de la paille dépouillée de son épi et de ses feuilles.	840	2,4	479
Balles pures de franc blé blanc barbu de la plaine de Caen.	840	5,7	202
Balles pures d'un blé étranger	840	5,0	230
— d'un blé croisé de franc blé rouge barbu et de blanc de Flandre . .	840	6,4	180

NATURE DES PAILLES.	MATIERE sèche par kilogram.	AZOTE par kilogram.	POIDS équivalent.
	gr.	gr.	
Balles pures d'un blé croisé Dantzig-Standard rouge.	840	5,2	221
Balles pures de franc blé sans barbe . .	840	7,8	148
Balles pratiques mêlées d'herbes :			
1° De gros blé rouge.	840	7,3	157
2° De blé chicot (plaine de Caen). .	840	11,3	102
3° De franc blé barbu	840	10,6	108

L'inspection de ce tableau, fort incomplet du reste, nous montre que certaines pailles, comme celles des pois et des lentilles, peuvent être mises sur la même ligne que les foins fanés; que la paille du sarrasin ordinaire contient au moins autant de matière azotée que celle du froment, et que l'on en peut dire autant de la paille de colza.

Sprengel avait déjà insisté sur la valeur nutritive de la paille de colza, et M. de Gourcy a vu, dans le nord de la France, des bœufs d'engrais brouter cette paille qui leur servait de litière.

Il est extrêmement probable que ces deux dernières pailles, que les cultivateurs mal inspirés consentent à peine à employer comme litière, prendront un jour, parmi les pailles-fourrages, le rang qui leur appartient réellement, lorsqu'on saura les présenter aux animaux sous une forme convenable.

Les siliques du colza et les petites lamelles qui sé-

8.

parent les deux valves, ainsi que le pédoncule qui les porte, méritent surtout l'attention des cultivateurs, parce qu'elles se placent sur la même ligne que les balles de froment. Il me paraît donc être de bonne pratique de ne pas jeter au tas de fumier les criblures et vannures de la graine de colza (1).

Les balles de froment nous offrent des résultats assez variables, suivant qu'il s'agit de balles *pures*, que l'on pourrait appeler *théoriques*, ou de balles plus ou moins mélangées d'herbes et parfois d'une petite quantité de ces grains avortés que nous savons très-riches en matière azotée : j'ai trouvé de ces balles *pratiques* dont la richesse surpasse celle du foin normal.

Les différentes parties de la paille n'ont pas non plus la même valeur comme fourrage, et peuvent se classer dans l'ordre suivant :

1° Épis vides ;

2° Feuilles seules;

3° Partie supérieure de la paille effeuillée;

4° Partie inférieure ;

C'est précisément l'ordre dans lequel les moutons fourragent la paille ; ou plutôt ils ne mangent guère que les deux premières parties, et un peu de la troisième.

---

(1) M. J. Bastard, un de nos plus habiles cultivateurs de la plaine de Caen, a l'un des premiers constaté les excellents effets des criblures et des vannures de colza sur les jeunes bêtes d'élève ou d'engrais.

Nous terminerons ce chapitre par une dernière observation : c'est que, pour une même espèce de céréale, la qualité de la paille doit dépendre de la hauteur à laquelle a poussé la plante, de la vigueur de sa végétation et de l'abondance du produit en grain qu'elle a fournie.

C'est ainsi que le même sarrasin, venu la même année, sur le même champ, traité de la même manière en tout, à cette différence près qu'une partie n'avait reçu aucun engrais, tandis que l'autre avait été bien fumée, nous a donné :

Dans la partie fumée, un sarrasin vigoureux dont la paille ne contenait que 5 grammes 9 décigrammes d'azote par kilogramme ;

Et, dans la partie non fumée, un sarrasin très-grêle, de 15 à 29 centimètres de hauteur, ayant à peine produit quelques graines, bien que toutes les tiges eussent fleuri, mais contenant, dans sa paille, 10 grammes 1|2 d'azote par kilogramme, c'est-à-dire presque du double du premier.

En somme, il reste encore beaucoup à apprendre sur la valeur des pailles comme aliment.

CHAPITRE X

Racines et tubercules

Les racines et les tubercules sont pour l'hiver, la betterave surtout, de précieuses ressources destinées à suppléer, dans une certaine mesure, les fourrages verts qui manquent dans cette saison ; les vaches laitières et les brebis portières les reçoivent avec avantage pour une partie de la ration quotidienne. Aussi, la culture des racines a-t-elle pris, depuis une trentaine d'années, une extension considérable, fondée en partie sur l'utilité de leur emploi dans l'alimentation du bétail.

La betterave tient le premier rang parmi les racines cultivées pour l'alimentation du bétail.

C'est que la betterave, comme le fait observer M. de Gasparin (1), fournit d'abord par ses feuilles,

------

(1) *Cours d'Agriculture,* t. IV, p. 87.

depuis le milieu d'août jusqu'à la fin d'octobre, et même au-delà, un précieux contingent de fourrage vert pour la race bovine, précisément à l'époque où, dans les pays secs, les regains de prairies artificielles commencent à faire défaut. La betterave elle-même, un peu plus tard, vient clore le cercle des combinaisons de nourriture verte qui commence avec la pousse des herbes. L'on peut dire, en un mot, que le précieux concours des racines permet de ne pas interrompre un seul jour, dans la ferme, la nourriture verte, au grand avantage des produits et de la santé des animaux.

La proportion d'eau contenue dans ces substances est trop variable pour qu'il soit possible de les supposer toutes au même état normal d'humidité : pour éviter cet embarras, nous avons calculé les poids équivalents sur les matières sèches (1). Comme pour les tourteaux, nous ne pensons pas que l'on puisse, sans s'exposer à des erreurs graves, comparer les poids équivalents de ces substances à celui du foin normal, parce que l'on n'a plus affaire ici à des aliments de nature semblable; nous nous sommes borné à les comparer entre eux, en prenant l'un d'eux pour terme de comparaison, celui de la *carotte blanche* à collet vert.

---

(1) Il sera facile, par un calcul très-simple, à l'aide des données contenues dans la première colonne, de comparer les poids équivalents de ces matières à leur état normal d'humidité.

Il serait facile également de rapporter toutes ces matières alimentaires à un autre type quelconque.

DÉSIGNATION DES SUBSTANCES.	AZOTE par kil. de matière à l'état normal.	AZOTE par kil. de matière complétement desséchée.	POIDS équivalent à l'état sec.
	gr.	gr.	
* Carottes blanches à collet vert	2,3	16,4	100
Carottes jaunes	2,3	14,6	112
* Navets blancs ordinaires.	1,3	16,7	98
— blancs à collet vert.	1,6	16,8	98
* — jaunes	2,5	17,2	95
* — turneps.	2,5	17,9	92
Autres idem	2,1	25,0	65
* Rutabagas.	1,3	17,3	95
* Pommes à cidre.	1,6	9,9	165
* Pommes de terre.	3,8	15,7	105
— épiderme seul	»	24,3	68
* Topinambours (Alsace, 1839).	3,5	15,3	106
* — (Grenelle, 1848)	5,1	21,2	77
* Betteraves disette	2,1	17,1	96
Betteraves de Silésie blanches à collet vert, n'ayant jamais été effeuillées :			
Grosses	1,6	13,4	122
Moyennes	2,1	13,2	124
Petites.	2,7	13,8	119
Même variété, effeuillées deux fois :			
Grosses	1,8	17,5	94
Même variété, effeuillées quatre fois :			
Grosses.	2,3	20,5	80
Betteraves jaunes longues, n'ayant jamais été effeuillées :			
Grosses	2,6	26,6	62
Très-petites	4,4	23,4	70
Même variété, effeuillées quatre fois :			
Grosses	2,0	16,8	98
Moyennes	2,7	19,5	84

DÉSIGNATION DES SUBSTANCES.	AZOTE par kil. de matière à l'état normal.	AZOTE par kil. de matière complétement desséchée.	POIDS équivalent à l'état sec.
Betteraves, globes jaunes, non effeuil- lées :	gr	gr.	
Grosses..	1,8	18.3	90
Très-petites.	4,7	19,6	84
Même variété, effeuillées plusieurs fois. .	2,5	20,6	80
Betteraves globe rouge, souvent effeuil- lées.	2,5	19,6	84
Betteraves globe blanc, ou plates d'Alle- magne :			
Très-petites.	3,2	17,3	95
Grosses	2,1	19.6	84

Nous devons faire, au sujet de la betterave, une observation qui mérite de fixer l'attention des praticiens : tandis que pour le fabricant de sucre c'est généralement la partie enterrée qui fournit, à poids égal, le plus de matière sucrée, pour le cultivateur destinant la betterave à la nourriture de son bétail, c'est la partie qui croît au-dessus du sol qui fournit une plus forte proportion de principes plastiques azotés. Le bourgeon, c'est-à-dire la partie qui se trouve au-dessus du collet de la racine, en contient plus que la partie qui se trouve hors du sol, et celle-ci, à son tour, en renferme plus que la partie enterrée de la betterave.

J'ai constaté le fait sur huit variétés de betteraves

de toutes grosseurs, venues la même année *sur le même sol*, effeuillées ou non effeuillées avant l'arrachage (1). La différence entre la richesse de la dernière partie et celle de la première s'élève quelquefois comme *du simple au double*, à poids égal ; elle est toujours de plus d'un tiers en faveur des bourgeons.

A poids égal, on pourrait placer dans l'ordre suivant, les variétés de betteraves dont il a été question précédemment, d'après leur valeur nutritive :

1o Betterave jaune longue ;
2o⸱ — globe jaune ;
3o — globe rouge ;
4o — blanche de Silésie à collet vert ;
5o — globe blanc.

Au contraire, d'après leur rendement en poids à l'hectare, ou même d'après leur rendement en principes alimentaires à l'hectare, elles se classeraient tout différemment et dans l'ordre suivant :

1o Betterave blanche de Silésie à collet vert;
2o — globe jaune ;
3o — disette ;
4o — globe rouge
5o — jaune longue ;
6o — globe blanc ou plate d'Allemagne.

---

(1) Isidore Pierre, *Recherches analytiques sur la valeur comparée des différentes parties de la betterave.* 1857. Un petit volume in-8o.

Enfin l'analyse, d'accord en cela avec l'expérience, **nous** apprend que, pour une même variété, *les plus grosses betteraves sont*, à poids égal, *les moins riches en principes plastiques alimentaires*, prises dans leur état naturel.

CHAPITRE XI

Résidus divers. — Pulpes de betteraves, de pommes de terre, etc.

Parmi les résidus les plus communément employés à l'alimentation du bétail, nous ne mentionnerons que les plus abondants, c'est-à-dire, ceux dont la préparation se fait sur une grande échelle.

Les praticiens s'accordaient depuis longtemps à considérer le marc de pommes de terre provenant des féculeries comme plus nutritif que les pommes de terre elles-mêmes, poids pour poids. L'analyse chimique permet aujourd'hui d'en donner l'explication : après l'eau, c'est l'amidon ou la fécule qui est, dans la pomme de terre, l'élément dominant; comme c'est l'extraction de cette fécule qui est l'objet de l'industrie des féculeries, et qu'on en laisse le moins possible, il en résulte que les autres principes constitutifs, et parmi eux les matières azotées, peuvent se trouver en proportions relativement plus considérables.

C'est ainsi qu'on a trouvé, dans 1 kilogramme de

pommes de terre complétement desséchées, 10 grammes 62 centigrammes de matière azotée et 3 grammes 6 centigrammes de matières grasses, tandis que le résidu, complétement sec aussi, contient 37 grammes 45 centigrammes de matière azotée, et 21 grammes 6 centigrammes de matières grasses.

En résumé, les résidus de distillerie de pommes de terre contiennent, à poids égal, suivant M. Payen, au moins *trois fois* autant de substances azotées, *six fois* autant de matières grasses, et *plus de trois fois* autant de substances minérales que les pommes de terre elles-mêmes, et se rapprochent de la composition des céréales auxquelles ils seraient même supérieurs à quelques égards.

Les résidus de distillerie de grains, encore humides, sont aussi fort estimés, et passent pour équivaloir à leur poids de foin.

La *drèche*, sortant des brasseries, qui représente en matière sèche à peu près le dixième du poids du grain marchand employé, ou le douzième du grain *malté*, vaut, encore humide, les deux tiers de son poids de foin.

Le *son* qui reste comme résidu des amidonneries, peut encore être employé avec avantage à la nourriture du bétail, et représente presque la moitié de son poids de foin.

Le *marc de raisin* non distillé peut être employé à la nourriture des chevaux, et tous les autres animaux mangent avec appétit le marc distillé. On doit avoir soin d'enlever d'abord la rafle dont les animaux ne s'accommodent guère (1).

On emploie souvent, dans le Midi, le marc distillé, mêlé au foin, pour l'engraissement des moutons. L'on en donne jusqu'à 15 kilogrammes par tête aux animaux de race bovine.

Si nous cherchons à classer ces résidus d'après leur richesse en matière azotée, déduite de l'analyse chimique, voici ce que nous trouvons :

DÉSIGNATION DES RÉSIDUS.	MATIÈRE sèche par kilogramme.	AZOTE par kilogramme de matière humide.	POIDS équivalent.
	gr.	gr.	
Foin normal.	»	11,5	100
* Résidus de distillerie	285	10,9	106
* Drèche humide bien égouttée	275	7,1	162
— de genièvre.	86	4,0	287
* Son des amidonneries.	472	4 8	240
Touraillons.	»	45,3	25
* Marc de raisin distillé.	274	4,9	235
— desséché à l'air libre. .	929	20,0	57
— de Montpellier.	425	9,3	125
* Marc de pommes à cidre.	468	2,9	390
Pulpe de pommes de terre épuisée, égouttée.	»	5,1	295
Pulpe de betterave pressée.	286	3,8	303

(1) On obtient ordinairement, pour chaque hectolitre de vin, 15 kilogrammes de marc sans rafles.

Enfin, parmi les résidus, l'on doit citer au premier rang les pulpes de betteraves préparées sur une si grande échelle, depuis quelques années, par des procédés divers, pour l'extraction des substances qui doivent être converties en alcool.

DÉSIGNATION DES PULPES.	MATIÈRE sèche par kilogramme.	AZOTE par kilogramme à l'état normal.	POIDS équivalent.
	gr.	gr.	
Pulpe de betterave des râpes et presses.	360	4,7	245
La même, lavée et pressée de nouveau.	300	2,7	426
Pulpes obtenues par le procédé Champonnois.	114	2,3	500
Pulpes obtenues par le procédé de macération à froid Dubrunfaut.	71	1,2	958
Pulpes obtenues par le procédé Leplay.	88	2,1	548

Enfin nous devons ajouter à toutes ces matières, non plus comme résidu, mais comme aliment primitif, le lait, qui constitue la nourriture la plus complète et la plus universelle des jeunes mammifères. Sa comparaison avec le foin normal fournit les données suivantes :

	Matière sèche par kilogramme.	Azote par kilogramme.	Poids équivalent.
	grammes.	grammes.	
Foin normal	»	11,5	100
Lait de vache	130	5,5	209

CHAPITRE XII

**De la nécessité de tenir compte, dans le ration-
nement des animaux, du rapport qui existe
entre les principes plastiques et les principes
respiratoires des aliments.**

Jusqu'ici nous avons attaché, avec raison, une très-
grande importance à la richesse des aliments en
principes azotés ; nous avons même admis que, dans
beaucoup de cas, cette richesse pourrait servir de
mesure à leur valeur nutritive. Cependant, nous
avons eu soin de faire des réserves, et nous avons
dit que, dans certaines circonstances, et pour certaines matières alimentaires, l'équivalence de la proportion de matière azotée n'entraînerait pas nécessairement l'équivalence de pouvoir nutritif réel.

Un exemple fera mieux comprendre l'importance
de ces réserves. Supposons qu'un animal du poids
de 500 kilogrammes soit parfaitement entretenu, au
moyen d'une ration journalière de 16 kilogrammes
de bon foin normal : on en pourra conclure que les

16 kilogrammes de foin, contiennent dans des proportions convenables, les principes plastiques azotés, les matières grasses, les matières carbonées respiratoires (amidon, fécule, sucre, etc.), et les matières salines minérales.

Or, le foin normal contient, d'après M. Boussingault, sur 100 parties en poids :

Eau.	13	
Matières minérales. .	7,6	
— grasses. . .	3,8	
— carbonées. .	44,»	Total, 100.
— azotées . . .	7,2	
Ligneux indigestible.	24,4	

16 kilogrammes de foin contiennent donc :

Matières azotées	1 kil.	16
— grasses	0	61
— carbonées	7	10
— salines	1	16

Si nous consultons les tableaux précédents qui contiennent les proportions de matières alimentaires équivalentes entre elles, par rapport aux éléments azotés, nous trouverons que 3 kilogrammes 520 grammes de tourteau de lin, contiennent autant d'azote que 16 kilogrammes de foin. Cependant, l'expérience a montré que la substitution ne pourrait se faire sans inconvénient dans ces proportions.

La comparaison des résultats de l'analyse des deux rations va nous permettre de rendre compte de ce désaccord entre la pratique et une théorie absolue qui ne tiendrait compte que des principes plastiques azotés.

3 kilogrammes 520 grammes de tourteau contiennent :

Matières azotées	1 kil.	16
— grasses	0	21
— carbonées	1	16

Si les matières grasses et les matières carbonées se trouvaient en proportions convenables dans la ration de foin, elles seront donc en proportions insuffisantes dans la ration de tourteau, et la substitution de l'une de ces rations à l'autre, ne peut satisfaire aux mêmes conditions.

« En général, dit M. Boussingault (1), de deux rations renfermant chacune la même proportion de matière azotée, celle-là sera la plus nutritive qui contiendra une plus forte proportion de sucre, d'amidon, de graisse, etc., en un mot, d'aliments respiratoires. »

Cette ration produira plus de poids vivant, plus de chair, parce que, plus riche en éléments combustibles, elle laissera détruire par la respiration, moins de principes azotés assimilables.

Les éléments respiratoires, autres que la graisse, peuvent être représentés par de l'eau et du carbone.

Les corps gras peuvent se représenter par du carbone, de l'eau et un excès d'hydrogène.

La graisse des matières alimentaires est une sorte d'intermédiaire entre les éléments assimilables azotés

---

(1) *Économie rurale*, t. II, p. 271.

et les principes combustibles. Elle peut brûler, comme ces derniers, sous l'influence de la respiration, ou contribuer, comme les premiers, à l'accroissement du poids de l'animal, en concourant à la formation du tissu adipeux.

L'intervention des matières grasses des aliments, est surtout avantageuse pour le rapide engraissement du bétail.

Revenons maintenant à l'influence qu'exercent sur la valeur nutritive des aliments, les matières non azotées que ceux-ci peuvent contenir en plus ou moins grande proportion.

Le foin et les pommes de terre, amenées au même degré de dessication, contiennent, à peu de chose près, les mêmes proportions d'azote, 15 grammes par kilogramme pour le foin, et 16 grammes 1/2 pour les pommes de terre ; mais, dans la pomme de terre sèche, 190 parties sont formées presque exclusivement d'amidon, tandis que dans le foin, il se trouve une bien plus forte proportion de ligneux indigestibles : ce qui explique comment, malgré la même richesse en matières animalisées (azotées), une quantité de pommes de terre sèches, contenant un, deux, trois kilogrammes de matières azotées, pourrait être réellement plus nutritive qu'une quantité de foin sec renfermant le même poids de matières susceptibles de servir d'aliments plastiques.

Pour donner aux équivalents théoriques toute la précision désirable, il est donc indispensable de déterminer, pour chaque espèce d'aliments, les pro-

9.

portions et la nature des éléments digestibles, et aussi la quantité de matière organique qui échappe à la digestion. C'est ce qu'a fait M. Boussingault pour un assez grand nombre de substances alimentaires (1).

C'est en suivant ainsi avec soin les diverses transformations de la matière alimentaire dans les organes des animaux qui s'en nourrissent, que l'on peut espérer d'arriver un jour à en tirer le meilleur parti possible, en imitant dans une certaine mesure l'économique précision que comportent les opérations industrielles et manufacturières, agissant sur la matière brute dépouillée de la vie.

Nous allons emprunter à l'excellent ouvrage de M. Boussingault quelques données propres à mettre en évidence les différences auxquelles on peut arriver, suivant que l'on prend pour base de l'équivalence nutritive les matières azotées, les principes carbonés ou les substances grasses.

DÉSIGNATION DES SUBSTANCES	POIDS équivalents basés sr la proportion de matière azotée.	POIDS équivalents basés sr la proportion de matières carbonées : amidon, sucre, etc.	POIDS équivalents basés sr la proportion de matières grasses.
Foin de prairie naturelle	100	100	100
Trèfle rouge en fleurs, fané.	67	113	113
Luzerne en fleurs, fanée.	60	186	108
Paille de froment. . . .	307	124	165

(1) Boussingault, *Économie rurale*, t. II, p. 360.

DÉSIGNATION DES SUBSTANCES	POIDS équivalents basés sᵣ la proportion de matière azotée	POIDS équivalents basés sᵣ la proportion de matières carbonées : amidon, sucre, etc.	POIDS équivalents basés sᵣ la proportion de matières grasses.
Paille d'avoine	335	113	77
Betteraves	422	427	3800
Tourteau de lin.	22	133	36
— de colza. . . .	23	136	38
— de sézame. . .	17	262	46
Pommes de terre. . . .	256	196	1900
Avoine.	61	72	70
Orge d'hiver	54	69	136
Son de blé rouge	61	86	95
Balles de froment. . . .	129	85	270
Graine de lin.	35	234	10
Pois	30	474	190
Lait de vache.	189	1233	90

Nous y ajouterons encore les résultats suivants :

Graine de sarrasin . . .	68	70	147
fleurs de farine de sarrasin	171	57	768
Farine bise commune du même.	44	65	122
Grosse farine jaune du même	31	70	66

Supposons maintenant, que l'on veuille substituer à une ration de 16 kilogrammes de foin, une matière alimentaire très-riche en matière azotée, mais contenant proportionnellement beaucoup moins de principes carbonés respiratoires, des *pois*, par exemple;

pour savoir quel devra être le poids de la ration équivalente à 16 kilogrammes de foin, et si, dans cette ration, il n'y aura pas perte de matière digestible non utilisée, voici la marche que l'on pourra suivre :

La partie digestible de 100 kilogrammes de pois se compose particulièrement de :

Substances azotées . . .	23kil.9 représent^t	15kil.4 de carbone.	
Matières grasses	2 0 —	2 0 (1)	—
Amidon et substances analogues ; sucre	59 6 —	25 0	—

100 kilogr. de pois représentent donc.   4kil.42 de carbone.

En prenant pour point de départ de la valeur nutritive la richesse en azote, nous trouvons pour l'équivalent des pois le nombre 30, celui de foin étant représenté par 100. La quantité de pois équivalente à 16 kilogrammes de foin sera donnée par la proportion

$$100 : 30 : : 16 : x,$$

qui donne $x = 4$ kilogrammes 800 grammes de pois pour la ration cherchée.

Comparons maintenant ces deux rations au point

---

(1) Il semble que la matière grasse soit représentée uniquement par du carbone ; cela n'est pas exact ; mais l'expérience a montré que l'excès d'hydrogène qu'elle contient équivaut, comme principe respiratoire combustible, à trois fois son poids de carbone, c'est par suite de cette fiction que la matière grasse équivaut à peu près à du carbone, comme principe combustible, par la chaleur qu'elle fournirait en brûlant.

de vue de leur valeur comme aliments de respiration.

16 kilogrammes de foin contiennent, en principes
digestibles :

Matières analogues à la
graisse et équivalᵗ, comme
aliments de respiration, à
leur poids de carbone . . 0ᵏⁱˡ. 610 représentᵗ 0ᵏⁱˡ. 610 de carbᵉ.

Matières carbonées ana-
logues à l'amidon, au su-
cre, etc. 7   10   —   2   980   —

　　　Carbone des aliments respiratoires. . . 3   590
Matière azotée 1   15

Dans 4 kilogrammes 800 grammes de pois, l'on
trouve :

Matières grasses . . . 0ᵏⁱˡ. 10 représentant 0ᵏⁱˡ. 10 de carbᵉ.
　—　 carbonées . . 2   86   —   1   20   —
　—　 azotées . . . 1   15   —   0   65   —

　　　Carbone total 1   95

Les matières non azotées du foin contiennent, à
elles seules, plus de carbone que la totalité des matières digestibles des pois. Et si nous admettons que
l'animal qui consomme ces deux rations soit un cheval de 500 kilogrammes, comme l'expérience a montré qu'en vingt-quatre heures un pareil animal perd
environ 3 kilogrammes de carbone sous diverses
formes, la première ration est plus que suffisante
pour son entretien, tandis que la seconde est évidemment insuffisante.

Si l'on voulait cependant substituer les pois au foin, il est évident qu'il faudrait en élever la ration, de manière qu'elle renfermât une suffisante quantité de principes respiratoires. Or, comme les 4 kilogrammes 800 grammes de pois ne contiennent que 1 kilogramme 300 grammes de carbone dans les principes digestibles respiratoires, la quantité qu'il sera nécessaire d'employer, pour trouver 3 kilogrammes 590 grammes de carbone dans ces mêmes principes, sera donnée par la proportion

$$1,3 : 4,8 :: 3,59 : x,$$

d'où $x =$ 13 kilogrammes 300 grammes.

Cette ration pourrait être réduite à 11 kilogrammes pour subvenir à une perte quotidienne de 3 kilogrammes de carbone.

Le premier nombre (13 kilogrammes 300 grammes) conduirait à représenter par 83, l'équivalent des pois, celui du foin étant représenté par 100; le second nombre (11 kilogrammes) conduirait à le représenter par 68. Ce dernier nombre approche beaucoup de 66, que Thaër avait déduit de la pratique. Pétri a donné 54, et Block 30.

Voilà donc plusieurs nombres différents proposés pour représenter l'équivalent nutritif des pois; deux d'entre eux diffèrent plus que du simple au double, et cependant, ils pourraient être fournis l'un et l'autre par l'expérience directe des praticiens ; en d'autres termes, il peut arriver que, dans des expériences faites avec soin par deux expérimentateurs différents, et, ce qui est plus encore, par *le même expérimenta-teur, opérant sur les mêmes animaux, avec les mêmes substances alimentaires*, on trouve pour ces dernières *des équivalents nutritifs très-différents*.

Je m'explique : lorsque, dans de pareilles expériences, on substitue un aliment à un autre, cette substitution peut être totale ou partielle. Prenons pour exemple la substitution des pois au foin normal dans la nourriture de l'animal que nous avons choisi précédemment, qui dépense journellement, sous diverses formes, 3 kilogrammes de carbone et 1 kilogramme 160 grammes de matières azotées.

Les 16 kilogrammes de foin, que nous avons d'abord supposé constituer sa ration habituelle, contiennent un excès de carbone disponible : si nous remplaçons une partie de ce foin par des pois, de manière à ne pas augmenter, dans la ration mixte. la proportion d'azote, nous trouverons que :

12 kil. de foin contiennent, dans les principes carbonés digestibles, l'équivalent de . . . . 2 kil., 69
de carbone, et que 1 kil.,2 de pois en contiennent. 0 kil., 32

Total . . . . 3 kil., 01

Cette ration mixte contient d'ailleurs autant de matière azotée que 16 kilogrammes de foin ; elle devra donc être suffisante ; mais elle conduit à admettre que 1 kilogramme 200 grammes de pois équivalent à 4 kilogrammes de foin, ou que 33 kilogrammes des premiers, équivalent à 100 kilogrammes du second.

Nous avons déjà vu que la substitution totale des pois au foin, nous conduisent forcément à représenter par 68, l'équivalent nutritif des pois ; voilà donc ces deux nombres extrêmes justifiés.

Enfin, si nous voulions remplacer par une suffisante quantité de pois, la moitié de la ration de foin, nous devrions, pour y trouver les 3 kilogrammes de carbone indispensables, composer ainsi la ration :

> Foin, 8 kil., contenant carbone respiratoire 1kil. 79
> Pois, 4 kil. 5 1   21

ce qui nous conduirait à considérer 4 kilogrammes 1/2 de pois, comme l'équivalent de 8 kilogrammes de foin, ou à prendre 56 de pois comme l'équivalent nutritif de 100 de foin.

Il pourra donc souvent arriver, dans les essais pratiques, lorsqu'on emploiera des rations mixtes formées de deux substances alimentaires différentes, dont l'une contiendrait en excès et l'autre en proportion insuffisante les principes carbonés digestibles, qu'une sorte de compensation puisse s'établir, compensation par suite de laquelle l'équivalent pratique se rapprochera d'autant plus de l'équivalent déduit de la proportion de matières azotées, que le nouvel aliment figurera dans la ration mixte pour une partie plus faible.

C'est ainsi qu'avec une ration composée de 12 kilogrammes de foin et 1 kilogramme 200 grammes de pois, nous sommes conduit à représenter par 33, l'équivalent nutritif de ces derniers ; que, par l'emploi de

8 kilogrammes de foin et 4 kilogrammes 1 2 de pois,
l'équivalent nutritif de ces derniers s'élève à 56, et
qu'enfin on arrive à le représenter par 68, en suppri-
mant tout à fait le foin de la ration. Il résulte évidemment de là, que la connaissance de la composition
des matières alimentaires que l'on destine au bétail,
permettra souvent de les combiner, dans la composition de rations mixtes, de manière à en utiliser le
plus complétement possible toutes les parties réellement nutritives.

La substitution d'un aliment à un autre, pour être
faite dans les conditions les plus avantageuses et
avec le moins de tâtonnements possibles, exige donc
le concours simultané d'une pratique éclairée et de
connaissances théoriques assez approfondies.

Une bonne ration doit contenir en proportions suffisantes les principes réparateurs nécessaires ; mais
il est inutile que ces principes s'y trouvent en proportions par trop surabondantes.

C'est ainsi que la nourriture devient insuffisante,
lorsque la ration journalière ne contient pas, en
principes azotées digestibles :

1 kil. 20 pour une vache laitière de.	600 kil.
1 kil. pour un cheval de travail de.	500
0 kil. 90 pour un cheval de travail de. . . .	400
0 kil. 12 pour un porc de	85

Dans le cas le plus général, quand on fait un usage
presque exclusif des fourrages, la ration contient,
dans les principes digestibles, une quantité de car-

bone et une proportion de substances minérales bien supérieures à celles que perd l'animal auquel on destine cette ration. Dans de telles conditions, l'on peut parfaitement faire usage, pour les substitutions, des équivalents nutritifs basés sur la richesse en matières azotées; mais c'est presque le seul cas où puissent se faire à coup sûr, sans inconvénient, ces sortes de substitutions.

CHAPITRE XIII

Quotité de la ration.

Pour être suffisante, la nourriture quotidienne que l'on donne à un animal doit subvenir à la réparation de toutes ses pertes, s'il s'agit d'entretenir l'animal dans le même état ; elle doit renfermer en outre les principes nécessaires à son accroissement, s'il s'agit d'un animal qui n'a pas encore acquis tout son développement ou que l'on veut engraisser. En un mot, on doit chercher, dans l'établissement de la ration, à subvenir d'une manière judicieuse à tous les besoins de l'animal, en vue du résultat qu'on se propose d'obtenir.

Il est évident que, toutes circonstances égales d'ailleurs, un animal de forte taille exigera une dose de fourrage supérieure à celle qui serait reconnue suffisante pour l'entretien d'un individu de plus faibles dimensions. Cette réflexion avait conduit les praticiens à admettre que la ration d'entretien d'un animal, doit être à peu près proportionnelle au poids vif de cet animal.

Cependant, cette proportionnalité entre le poids de l'animal en vie, et celui du fourrage qu'il consomme, même quand il s'agit d'animaux de même espèce, dans des conditions analogues de développement, n'est plus admissible lorsqu'il existe une grande différence de taille.

L'expérience a démontré que, comparativement au poids vif, la ration proportionnelle doit être plus forte pour les petites races que pour les grandes.

Par exemple, la ration d'une vache laitière de 750 à 800 kilogrammes dépasse à peine 2,5 p. 100 du poids vif, tandis qu'elle doit s'élever jusqu'à 3 p. 100 pour une vache de 350 kilogrammes, et qu'elle atteint même 4 p. 100 du poids vif pour les très-petites vaches de 200 kilogrammes (1).

La ration quotidienne d'un cheval de 450 à 500 kilogrammes, évaluée en foin normal, est habituellement comprise entre 2,5 et 3 p. 100 du poids vif, tandis que, pour les poneys, cette ration s'élève jusqu'à 4 p. 100.

On arrive à des résultats analogues pour les moutons et pour les porcs.

Si des grands animaux nous descendons aux oiseaux, les expériences de M. Alibert nous montrent

---

(1) Nous n'avons pas besoin d'insister sur ce point, que tous ces animaux sont supposés adultes.

que la ration du pigeon adulte du poids de 450 grammes, s'élève à 16 p. 100 du poids vif;

Celle de la tourterelle de 186 grammes, s'élève à 24 p. 100 du poids vif;

Et celle du serin de 16 grammes, s'élève à 65 p. 100 du poids vif.

De sorte qu'il semble permis de dire, que *la ration complète d'un animal adulte, mammifère ou oiseau, comparée au poids de cet animal, est dans un rapport d'autant plus grand, que ce poids est plus petit.*

Suivant le même observateur, la quotité de la ration paraît en rapport avec la vitesse de circulation du sang.

Si, au lieu de comparer entre eux des animaux adultes, nous comparons, dans chaque espèce, l'animal complétement développé à celui qui est en voie de croissance, nous trouvons que la ration de ce dernier est proportionnellement beaucoup plus élevée que celle du premier.

C'est ainsi qu'Allibert a trouvé que, si la ration de la poule adulte du poids de 1500 grammes monte à 12 p. 100 du poids vivant, celle des poussins de même race, pesant 53 grammes, s'élèvera jusqu'à 38 p. 100; que si, pour le porc de 100 kilogrammes, la ration s'élève à 4 p. 100 du poids vif, elle montera jusqu'à 4,7 p. 100 pour le porc de même race du poids de 60 kilogrammes, et atteindra jusqu'à 10 p. 100 du poids vif du porcelet de la même race.

Il y aurait bien encore à se demander si, à poids égal, la ration ne varie pas suivant la race des animaux ; ou, en d'autres termes, si certaines races ne tirent pas meilleur parti que d'autres d'une ration alimentaire donnée. Mais cette partie de la question se reproduira lorsque nous nous occuperons des produits que l'on peut tirer des animaux.

On estime qu'en général, pour les grandes races d'animaux, la ration *d'entretien*, c'est-à-dire, celle qui correspond au cas où l'on n'exigerait d'un animal au repos, ni travail ni produit, peut être évaluée à 1,5 ou 1,75 p. 100 du poids vivant, d'après Pabst.

Celle des bœufs d'attelage, peut être fixée à	2 p. 100 du poids vif.
Celle des vaches laitières de moyenne taille, à	3 p. 100 —
M. Perrault de Jotemps la porte à	3,12 p. 100 —
M. Boussingault fixe celle des très-grandes vaches à	2,73 p. 100 —
La ration d'une bête en graisse peut s'élever à	4 ou 5 p. 100 —

D'après Mathieu de Dombasle, la ration d'entretien des moutons mérinos adultes peut être évaluée à environ 3 1,3 p. 100 du poids vivant, et cette ration augmente à mesure que l'engraissement avance. Block est arrivé à des résultats peu différents (1).

Lorsqu'il s'agit de rationner un animal (bête de travail, bête d'engrais, vache laitière, etc.), on élève progressivement la ration, et l'on s'arrête au mo-

---

(1) Il est inutile de répéter ici que toutes ces rations sont estimées en foin normal et de bonne qualité.

ment où l'accroissement du produit n'est plus en rapport de valeur avec la progression de la ration elle-même. Dans l'engraissement, la limite de la ration est habituellement celle de l'appétit plus ou moins stimulé de l'animal.

Pour être aussi profitable que possible, la ration ne doit jamais être absorbée en une seule fois; l'expérience a montré que les animaux doivent faire au moins trois repas par vingt-quatre heures.

CHAPITRE XVI

Des préparations diverses que l'on peut faire subir aux aliments avant de les faire consommer.

Les matières alimentaires destinées aux animaux peuvent leur être offertes telles qu'on vient de les récolter, ou bien après avoir subi diverses préparations propres à les rendre plus appétissantes, plus faciles à digérer, plus commodes à administrer, ou plus faciles à conserver. Ces préparations doivent donc dépendre du but que l'on se propose, de la nature des aliments qui en sont l'objet, et des animaux auxquels on les destine.

Par exemple, lorsqu'on donne au bétail des graines dures et cornées, telles que vesces, pois, féveroles, surtout aux chevaux, une partie plus ou moins considérable peut échapper à la digestion, ce qui contribuerait à faire attribuer à ces substances une valeur nutritive inférieure à celles qu'elles possèdent réellement. On obvie à cet inconvénient en égru-

geant ces graines, ou en les soumeltant à une mouture plus ou moins parfaite.

Les céréales, blé, seigle, orge, avoine, etc., peuvent aussi être moulues avec profit par les mêmes
motifs. Certains chevaux gourmands avalent goulù-
ment, sans la mâcher, une partie de l'orge ou de l'a-
voine qu'on leur donne, et beaucoup de vieux chevaux ne peuvent plus la mâcher convenablement ; il
en résulte que beaucoup de grains sont perdus
comme aliment, et qu'en outre , ils ont inutilement
absorbé une proportion notable des sucs organiques
destinés à la digestion.

Il importe, toutefois, de ne pas oublier que ces
graines concassées ou moulues peuvent offrir parfois
des inconvénients, lorsqu'elles ont été trop finement
moulues et qu'on les fait consommer directement
sans les délayer dans l'eau. Les animaux gourmands
peuvent alors ne pas imprégner suffisamment de
salive les aliments broyés, et la farine légère qu'ils
contiennent peut pénétrer dans les voies aériennes
et occasionner des accidents. Lorsqu'il s'agit de l'a-
voine en particulier, l'on s'est très-bien trouvé
d'aplatir les graines au lieu de les réduire en farine.
Cette préparation spéciale, à laquelle les autres
graines ne se prêtent pas toujours avec la même facilité, offre tous les avantages de la mouture sans en
avoir les inconvénients.

Les tourteaux de graines oléagineuses subissent
également, avec avantage, un concassage ou un
broyage préalable qui en facilite beaucoup l'emploi.

10

Nous pourrions encore citer, parmi les aliments qui demandent un broyage préalable, l'ajonc ou vignon, que l'on emploie souvent comme unique nourriture pour les chevaux en Bretagne, et les jeunes pousses de houx (*ilex aquifolium*) qu'on donne souvent aussi, dans le même pays, aux animaux d'espèce bovine.

Le trempage des graines dans l'eau bouillante offre des avantages analogues à la mouture, bien qu'il soit encore moins généralement répandu.

On peut facilement s'expliquer les bons effets du trempage, et même d'un commencement de germination préalable, par cette circonstance bien connue, que la germination et le trempage ont pour effet certain de rendre soluble, et partant plus facilement et plus rapidement digestible, l'amidon que toutes ces graines renferment en proportion considérable. Nos voisins d'outre-Manche nous ont devancés depuis longtemps dans cette voie.

Lorsque le temps laissé aux chevaux pour leur repas est peu considérable, il est avantageux de leur donner des aliments qu'ils puissent consommer rapidement. Le plaisir avec lequel ces animaux mangent le pain qu'on leur offre, avait donné, en 1826, à M. Darblay, l'idée d'employer pour les chevaux, un pain économique fabriqué avec parties égales de farine de féveroles et de farine d'orge non blutées, additionnées d'un peu de sel; ce pain, donné à la dose de 4 kilogrammes par jour à des chevaux de poste vieux et usés, les maintint en état de continuer leur service.

L'expérience fut répétée en grand à Paris en 1834, dans plusieurs établissements importants, mais avec des succès divers. La recette de préparation fut variée de bien des manières, et l'on y fit entrer une forte proportion de farine d'avoine.

Les 4 kilogrammes de ce pain ne coûtaient guère que les 3 cinquièmes de la ration d'avoine équivalente (6 kilogrammes): en sorte qu'il y avait une économie notable dans cette substitution. Mais cette nourriture avait l'inconvénient de ne pas lester convenablement le tube digestif, et de laisser ainsi se développer plus fréquemment chez les animaux un sentiment de faim qui obligeait à leur faire faire des repas beaucoup plus fréquents.

M. Dailly, maître de poste à Paris, a fait également, sur ses chevaux, l'essai d'un pain destiné à remplacer l'avoine. Ce pain se composait de :

> 1/3 résidu du marc de pommes de terre ;
> 2/3 farine de froment (4e qualité),

dans lequel on incorporait une certaine quantité de balle de blé ou de paille hachée, le tout additionné d'un peu de sel.

Ce pain entrait dans la ration à la dose de 1 kilogramme coupé en morceaux, représentant le quart de la ration.

Cette ration donnait 30 centimes d'économie par cheval et par jour : mais, après plusieurs mois d'essai, l'on s'aperçut que ce pain, de même que les précédents, avait détérioré la santé des animaux, dont plusieurs ne s'en remirent jamais bien complétement.

On désigne quelquefois sous le nom de *soupes*, des préparations alimentaires que l'on obtient en disposant par lits alternatifs, dans un tonneau ou dans une cuve, des fourrages ou des pailles hachés, des racines, des tourteaux en poudre, etc., puis en faisant traverser le mélange par un jet de vapeur provenant d'une chaudière voisine, où l'eau est maintenue en pleine ébullition. L'on obtient ainsi un aliment plus facile à digérer, et qui peut acquérir, par cette circonstance même, une valeur nutritive pratique plus grande.

Ces préparations ont encore un autre avantage, c'est qu'elles permettent de faire consommer aux animaux des aliments que souvent ils n'accepteraient autrement qu'avec répugnance, soit à cause de leur dureté, soit à cause de leur qualité trop inférieure.

Il est évident que la valeur vénale des aliments se trouve alors augmentée des frais de préparation et de main-d'œuvre, et que c'est surtout dans les établissements agricoles annexés aux distilleries et usines mues par la vapeur, que cette pratique sera suivie avec le plus d'avantage.

A ces préparations, se rattachent naturellement celles que l'on désigne sous le nom de *buvées*, qui consistent en un mélange d'eau et d'aliments moulus délayés ensemble (farines, sons, tourteaux, etc.), et soumis ensuite pendant quelque temps à l'action de la chaleur. Ces préparations ont reçu le nom de *buvées*, parce qu'elles sont assez fluides pour être en grande partie bues par les animaux.

L'usage des soupes et des buvées chaudes, peut offrir des avantages pour hâter la digestibilité de certains aliments ; il peut convenir aux animaux convalescents, aux vaches laitières et aux bêtes d'engrais ; mais on lui attribue l'inconvénient de débiliter l'estomac, de rendre les animaux plus difficiles sur le choix de la nourriture, et de les prédisposer plus qu'aucun autre régime aux affections lymphatiques.

Certaines préparations ont pour but d'assurer la conservation des matières alimentaires, de manière à permettre de ne les faire consommer que longtemps après la récolte ; tel est principalement le but du *fanage*.

Tout le monde sait que le fanage a pour effet la dessication plus ou moins avancée des fourrages verts, afin d'en prévenir l'altération. Dans cette dessication *spontanée*, qui s'opère à l'air libre, avec ou sans le secours d'un peu de main-d'œuvre après la coupe, les fourrages perdent de 60 à 80 p. 100 d'eau, suivant leur nature, et suivant l'état plus ou moins avancé de leur développement. M. de Villèle père a trouvé, par une suite d'expériences répétées plusieurs fois, que les proportions de fourrage fané produites par les plantes les plus usuelles, peuvent se représenter ainsi :

10.

	Fourrage sec pour 100 de vert.
Seigle fauché en vert au moment de l'épiage .	37 1/2
Orge	32 »
Froment	35 1/2
Avoine	33 1/2
Maïs	24 1/2
Crêtes de maïs.	24 »
Luzerne, sur trois coupes.	27 1/2
Trèfle, sur les deux coupes	22 1/2
Sainfoin (petite graine), une coupe.	30 »
Vesces noires (grain formé).	37 1/2
Foin de prairie naturelle	38 »
Farrouch, trèfle incarnat, trèfle d'Espagne (1) . .	23 »

J'ai moi-même obtenu (2), en opérant sur la variété de sainfoin dite grande graine.

Pour les deux coupes.	33 1/2 p. 100
Pour le regain d'octobre, en feuilles	25 —
Regain de luzerne.	23 —

Nous avons à peine besoin d'ajouter que l'époque de la coupe de ces différents fourrages et l'état hygrométrique de l'atmosphère au moment de cette coupe, exercent une influence très-notable sur le rendement en fourrage fané.

MM. Perrault de Jotemps ont trouvé que 100 de luzerne ou de trèfle fauché au moment de l'apparition de la première fleur, donnent 27 1/2 de fourrage fané, tandis que le trèfle beaucoup plus avancé, ayant

---

(1) *Nouveau Cours d'Agriculture*, t. VII, p. 15.
(2) Opuscules et expériences agronomiques.

déjà perdu plusieurs de ses basses feuilles, donne, après le fanage, 35 1/4 p. 100 ; plus avancé encore et plus durci par la sécheresse, le même trèfle a donné jusqu'à 42 p. 100 de fourrage fané.

L'époque la plus généralement adoptée pour la coupe des fourrages des prairies artificielles, est le moment où les fleurs commencent à tomber, si ces fourrages sont destinés aux chevaux, et un peu plus tôt s'ils sont destinés aux bêtes bovines et aux moutons.

Nous savons déjà qu'à des coupes plus ou moins tardives d'un même fourrage, correspondent des valeurs alimentaires différentes à poids égal, du moins si l'on en juge par la richesse en matière azotée. Nous pourrions ajouter que l'analyse a constaté, dans le trèfle coupé avant la fleur, la présence d'une proportion de matières azotées supérieure à celle que l'on trouve dans le trèfle fauché plus tard, lorsqu'on opère sur des poids égaux de fourrage sec ou fané au même degré.

Il serait fort intéressant de suivre ainsi, aux diverses périodes du développement des plantes fourragères, les variations que subissent les proportions de leurs principes constitutifs ; il y a là, pour les expérimentateurs, une belle page à remplir, et pour les praticiens d'utiles renseignements à puiser.

Lorsqu'il s'agit des foins de prairies naturelles, la difficulté de les récolter dans les meilleures conditions dépend :

1° De ce que les différentes espèces de plantes qui

les composent ne sont pas mûres en même temps ;

2° De ce que chaque espèce peut demander un point de maturité particulier plus ou moins avancé ;

3° L'époque de coupe la plus avantageuse dépend encore de l'espèce d'animaux auxquels on destine le fourrage.

On admet généralement que l'époque la plus convenable pour la coupe des foins est le moment où le plus grand nombre des plantes se trouvent en fleurs ; cependant, il reste encore beaucoup de choses à apprendre au sujet des avantages réels que peut offrir telle ou telle époque de coupe, suivant la composition botanique des prairies (1).

Lorsque les fourrages ont été fanés par les procédés ordinaires, et emmagasinés dans les fenils ou en grosses meules, ils éprouvent encore une légère fermentation qui en exalte l'arôme, lorsqu'elle s'effectue dans de bonnes conditions. La température s'élève et le fourrage perd encore environ de 3 à 5 p. 100 d'eau. Comme cette eau se condense presque entièrement à la surface supérieure du tas, il en résulte que la première couche de bottes est sujette à la moisissure. On évite cet inconvénient en couvrant le fourrage d'un lit de paille, sur laquelle s'exerce alors l'influence combinée de l'air et de l'humidité ;

---

(1) Voir pour plus de détails mes *Considérations sur la culture comparée des céréales, des plantes fourragères et des plantes industrielles.*

c'est cette paille qui moisit, et le foin qu'elle recouvre est préservé.

Le fourrage peut être entassé bottelé ou en vrack; dans ce dernier cas, le tassement est plus régulier; Il est plus difficile à l'air extérieur d'y pénétrer ; par suite, on a moins à craindre les effets d'une fermentation trop active. Mais il est bien plus difficile d'éviter le gaspillage, et s'il s'agit de foins de prairies artificielles, on est bien plus exposé aux pertes des fleurains.

Le fanage des foins dans de bonnes conditions n'est pas toujours chose facile, et, dans de certains pays, l'usage d'un fanage complet a été presque abandonné. Tantôt on les met en meule à moitié ou aux trois-quarts secs, en y ajoutant le plus souvent une certaine quantité de sel, qui s'élève, en moyenne, à 200 grammes par 100 kilogrammes; on les foule énergiquement pour en expulser l'air autant que possible. Il s'établit bientôt une fermentation lente et modérée, par suite de laquelle se dégage la majeure partie de l'excès d'eau. Ces foins, habituellement récoltés un peu plus durs, sont bruns et ont un aspect un peu tourbeux ; leur condensation permet de les couper facilement pour en faire la distribution, au lieu de les botteler.

D'autres fois, on stratifie ces foins humides par couches alternatives, avec de la paille sèche, avec ou sans addition de sel, et on foule de même ; pendant la fermentation qui s'établit alors, la paille contracte un goût de foin qui la rend beaucoup plus appétissante pour le bétail.

Enfin Clapmayer, frappé des inconvénients qui résultent de la perte des feuilles, surtout quand le fourrage est un peu mûr, dans les procédés usuels de fanage, a proposé une méthode dont voici en quelques mots l'exposé :

Après avoir laissé se ressuyer un peu le fourrage qui vient d'être fauché, on le rassemble en gros meulons tassés médiocrement, de manière à y laisser assez d'air pour que la fermentation ne se fasse pas trop attendre. Après douze, vingt-quatre ou trente heures, suivant les circonstances, la fermentation s'établit avec une grande énergie ; lorsque la chaleur est assez considérable pour qu'en introduisant la main dans les meulons on puisse à peine en supporter la température, on démonte rapidement les tas et on les éparpille : il suffit alors de quelques heures de beau temps pour tout sécher, en conservant les feuilles.

Cette méthode fort ingénieuse, a le désavantage d'être difficile à conduire, d'exiger une surveillance très-active et l'emploi simultané d'un très-grand nombre de bras; l'on a toujours à craindre que, pendant la nuit, la fermentation ne devienne trop énergique, ce qui pourrait amener la détérioration du fourrage.

Mathieu de Dombasle, après avoir fait l'essai de la méthode de Clapmayer, et constaté combien il est difficile d'obtenir une fermentation égale et régulière dans toutes les parties de la meule, termine en disant : « qu'il ne conseille à personne de se livrer à cette opération délicate, lorsqu'on peut faire autrement (1). »

Les chevaux refusent ce foin pendant trois ou quatre jours, jusqu'à ce qu'ils aient contracté l'habitude de s'en nourrir. Les animaux d'espèce bovine le consomment volontiers et s'en trouvent bien.

Au lieu de cette espèce de fermentation excitée au moment de la récolte, on fait souvent intervenir, surtout en Allemagne et en Hollande, une fermentation de quelques jours pour rendre les fourrages durs et secs plus faciles à consommer. Le plus ordinairement, la fermentation s'établit par suite du mélange de fourrages secs divisés (foins, pailles, balles, siliques de colza, etc.) avec des aliments très-aqueux, tels que racines ou tubercules hachés, marcs ou résidus de féculeries, de brasseries, de fabrique de sucre ou d'alcool de betterave, auxquels on ajoute encore souvent des graines ou tourteaux concassés ou moulus. On dispose par couches alternatives ou on mêle à la pelle, dans des cuves, dans des auges ou dans des caisses, les fourrages secs et les matières alimentaires aqueuses ; on y ajoute ordinairement une petite dose de sel et on recouvre le mélange. Il s'y établit bientôt une fermentation qui se manifeste par un accroissement de température s'élevant jusqu'à 30,

---

(1) *Calendrier du bon cultivateur*, 10e édition, p. 207.

35 et même 40 degrés ; le mélange acquiert une
odeur alcoolique sensible, qui ne tarde pas à tour-
ner à l'aigre ; c'est le moment de le faire consommer aux animaux qui en sont habituellement assez
friands. Il faut éviter que l'acidification soit poussée
trop loin, parce que la santé des animaux pourrait
en souffrir.

Nous répéterons à cette occasion une observation
que nous avons déjà faite, c'est que les aliments ainsi
préparés, qui ont subi en quelque sorte par la fermentation une demi-digestion, conviennent surtout
aux animaux qu'on nourrit à l'étable, aux bêtes d'engrais ou aux vaches laitières. M. Decrombecque, habile cultivateur-manufacturier des environs d'Arras,
a obtenu aussi des résultats merveilleux de l'emploi
de cette méthode, qui convient surtout dans les pays
où les brasseries, distilleries, féculeries ou sucreries
sont très-répandues. Le seul reproche qu'on puisse
lui faire, c'est un léger surcroît de main-d'œuvre, qui
se trouve plus que balancé par la possibilité de tirer
meilleur parti de fourrages de qualité inférieure ou
d'aliments trop aqueux.

Il arrive souvent dans les brasseries, dans les féculeries et dans les fabriques de sucre ou d'alcool de
betterave, que les résidus ne peuvent être livrés à la
consommation aussi vite qu'ils sont produits ; on peut
alors les conserver dans des *citernes* ou *silos* en ma-
çonnerie, en les y tassant très-fortement ; en expul-
sant l'air, cette pression suspend les progrès de la
fermentation et des altérations intérieures. Il n'est

pas rare d'en conserver ainsi pendant plus d'un an
sans détérioration. M. Lefèvre Sainte-Marie (1) a vu,
en Angleterre, des résidus de brasserie qui étaient
mangés avec plaisir par les vaches laitières, *après
neuf mois de conservation*. On introduit ces résidus
encore chauds dans des silos en briques cimentées,
de 3 à 6 mètres de profondeur, de 3 à 4 mètres 1/2
de largeur, et d'une longueur variable. On termine
le monceau, fortement tassé, en forme de meule, que
l'on recouvre de 15 à 20 centimètres de terre humide
bien battue ensuite, pour éviter les infiltrations d'eau
et l'accès de l'air.

Lorsque les fourrages ont été rentrés très-secs,
surtout les fourrages de prairies artificielles, on a
l'habitude de les humecter un peu quelques heures
avant de les faire consommer : cette précaution a
pour effet de diminuer les chances de pertes par le
froissement dans les rateliers, et de rendre en outre
le fourrage plus agréable aux animaux.

Guidés par ce fait que les fourrages fanés ne diffèrent des mêmes fourrages verts que par l'eau qu'ils
ont perdue pendant le fanage, quelques agronomes
avaient pensé qu'en plaçant ces fourrages dans des
conditions qui leur permissent de reprendre l'eau
qu'ils avaient perdue, on les ramènerait en quelque sorte à leur état primitif : on avait même affirmé

(1) Relation d'un voyage agronomique en Angleterre. *Ann. de
Crignon*, 1857, p. 368.

11

que, sous ce nouvel état, ils étaient réellement plus nutritifs qu'à l'état sec. En soumettant alternativement au régime du fourrage sec et du même fourrage trempé pendant douze heures deux lots d'animaux composés chacun de deux génisses, et ayant à peu près le même poids, M. Boussingault a reconnu que le fourrage trempé n'a pas d'avantage sensible sur le même fourrage non trempé : cependant, le premier paraît être consommé avec plus de plaisir par les animaux.

En résumé, la division, la macération et la coction des aliments destinés au bétail n'en augmentent pas la valeur nutritive réelle, mais elles peuvent en faciliter la digestion ; ce qui, dans beaucoup de cas, peut offrir des avantages pratiques assez importants.

CHAPITRE XV

Quelques exemples théoriques de rations mixtes pouvant être considérées comme équivalentes.

FOIN, TOURTEAU DE LIN ET SON

Supposons toujours, pour fixer les idées, qu'il s'agisse d'un animal bien rationné avec 16 kilogrammes de foin de prairie naturelle, et perdant 3 kilogrammes de carbone par jour par des voies diverses.

En cherchant d'abord si le tourteau de lin ou le son seul pourrait, sans perte notable de matière nutritive, être employé exclusivement, nous trouvons que 3 kilogrammes 1/2 de tourteau de lin équivaudraient, sous le rapport de la quantité de matière azotée, à 16 kilogrammes de foin, et contiendraient 1 kilogramme 160 grammes de matière azotée, mais que la proportion de carbone que pourraient fournir les principes nutritifs respiratoires ne s'élèverait qu'à 690 grammes, au lieu de 3 kilogrammes (1).

Pour rationner notre animal avec le tourteau de lin seul, il faudrait donc en employer beaucoup plus, environ 15 kilogrammes 1/2 ; mais alors cette ration, en admettant que l'animal voulût bien s'en accommoder, contiendrait en excès au moins 3 kilogrammes 1/2 de matières azotées perdues pour l'alimentation, et dont l'ingestion dans les organes ne serait pas non plus sans inconvénients. L'on ferait donc, de toutes manières, un fort mauvais calcul.

Le son lui-même, quoique remplissant un peu mieux les conditions principales, ne satisfait pas non plus d'une manière complète à toutes les exigences d'un bon rationnement. En effet, si 9 kilogrammes 750 grammes de son équivalent à 16 kilogrammes de foin normal par la proportion de matière azotée, ils ne renferment que deux kilogrammes 1/2 de carbone dans la partie digestible des principes carbonés, et nous avons admis qu'il en fallait 3 kilogrammes.

D'un autre côté, nous savons que 16 kilogrammes de foin contiennent, dans leur partie digestible, un notable excès de carbone ; on peut donc aisément prévoir qu'en associant convenablement ces divers aliments, l'on puisse établir une juste compensation, de manière à éviter les inconvénients ou les pertes

_____

(1) Les matières carbonées digestibles contiennent moyennement 42 p. 100 de leur poids de carbone.

résultant d'un excès notable de l'un ou de l'autre des principes nécessaires à l'alimentation.

C'est ainsi que l'on arrive, théoriquement, à satisfaire d'une manière convenable aux principales conditions que nous avons posées, en prenant, pour l'équivalent de 16 kilogrammes de foin, une ration composée de :

10 kilogrammes de foin normal ;
1 kilogramme de tourteau de lin ;
2 kilogrammes de son ordinaire.

En effet,

	MATIÈRE azotée.	CARBONE des principes respiratoires
10 kil. de foin contiennent	0 kil. 72	2 kil. 24
1 kil. de tourteau de lin.	0 35	0 20
2 kil. de son	0 31	0 52
Total	1 kil. 38	2 96

FOIN, TOURTEAU DE COLZA ET BALLES DE FROMENT

Si l'on voulait employer le tourteau de colza seul, pour y trouver 1 kilogramme 160 grammes de matière azotée contenus dans 16 kilogrammes de foin, il en faudrait prendre 3 kilogrammes 680 grammes.

Mais si 3 kilogrammes 680 grammes de tourteau de colza contiennent 1 kilogramme 160 grammes de matière azotée, ils sont bien loin de contenir 3 kilogrammes de carbone dans les principes respiratoires, puisqu'ils n'en peuvent fournir que 870 gr., et qu'ils présenteraient ainsi, comme nourriture exclusive, les inconvénients dont le tourteau de lin nous a déjà fourni un exemple.

Les balles de froment nous offrent un excès en sens inverse : il en faudrait 18 kilogrammes 1/2 pour représenter, sous le rapport de la matière azotée, l'équivalent de 16 kilogrammes de foin ; mais ces 18 kilogrammes 1/2 de balles contiennent, dans leurs principes alimentaires respiratoires, 4 kilogrammes 300 grammes de carbone, au lieu de 3 kilogrammes.

Cette insuffisance de l'un des principes dans le tourteau de colza, et son excès dans les balles de froment, vont nous permettre, comme dans l'exemple précédent, une compensation avantageuse par l'emploi simultané des deux aliments, en composant ainsi la ration :

5 kilogrammes de foin ;

8 kilogrammes 600 grammes de balles de froment,
Et 800 grammes de tourteau de colza.

En effet,

	MATIÈRE azotée.	CARBONE des principes respiratoires.
5 kil. de foin contiennent	0 kil. 36	1 kil. 12
8 kil. 600 gr. balles de froment. . .	0 54	2 01
800 gr. tourteau de colza.	0 25	0 19
Total	1 kil. 15	3 kil. 32

TRÈFLE VERT ORDINAIRE EN FLEURS, SON ET BALLES
DE FROMENT

L'équivalent de 16 kilogrammes de foin, d'après

sa richesse en azote, serait représenté par 36 kilogrammes 800 grammes de trèfle vert ; mais cette dernière ration ne contient que 2 kilogrammes 780 grammes de carbone dans ses principes respiratoires ; l'équivalent précédent serait donc trop faible d'un tiers sous ce point de vue, et devrait être porté à 54 kilogrammes, avec perte de tout l'excès d'azote qui se trouverait dans cette ration modifiée. En associant au trèfle vert un aliment plus riche en principes respiratoires, on pourrait donc faire une économie réelle de matière nutritive ; et le calcul montre que l'on satisferait théoriquement aux conditions fondamentales en prenant :

> 6 kilogrammes de trèfle vert ;
> 5 kilogrammes de son,
> Et 6 kilogrammes de balles de froment.

En effet,

	MATIÈRE azotée.	CARBONE des principes respiratoires.
6 kil. de trèfle vert contiennent. . .	0 kil. 19	0 kil. 34
5 kil. de son	0 63	1 28
6 kil. de balles de froment.	0 35	1 40
Total	1 kil. 17	3 kil. 02

SAINFOIN, AVOINE ET PAILLE HACHÉE

L'équivalent du sainfoin, déduit de sa richesse en principes azotés, conduirait à 9 kilogrammes 700 grammes pour remplacer 16 kilogrammes de foin normal ; mais ces 9 kilogrammes 700 grammes de sainfoin ne contiennent que 2 kilogrammes 10 grammes de carbone dans leurs principes respiratoires : on ne pourrait donc satisfaire entièrement aux conditions principales de réparation des pertes de carbone de l'animal qu'en sacrifiant la matière azotée d'un supplément de ration de sainfoin.

De même, mais en sens inverse, l'équivalent en avoine, 11 kilogrammes 280 grammes, fournissant, par les éléments carbonés et les matières grasses digestibles, 3 kilogrammes 550 grammes de carbone, on aurait, dans une ration exclusivement composée d'avoine, un léger excès de matières carbonées.

Enfin la paille, moins riche en azote et proportionnellement plus riche en matières respiratoires que le sainfoin, pourrait également faciliter une compensation, et l'on remplira d'une manière assez satisfaisante les conditions dont nous avons déjà parlé plusieurs fois en composant ainsi la ration :

Sainfoin	5 kil. 75 (1)	
Avoine	3	»
Paille hachée. . . .	5	»

(1) Le sainfoin (petite graine) contient à l'état fané normal :

Azote.	1,89 p. 100.
Matières carbonées.	42,2
Matières grasses.	3,05

Nous avons trouvé, dans l'avoine rouge :

Azote.	1,63
Matières carbonées.	62,4
Matières grasses.	5,28

puisque

	MATIÈRE azotée.	CARBONE dans les principes carbonés.
5 kil. 75 de sainfoin contiennent.. . . .	0 kil. 70	1 kil. 18
3 kil. d'avoine	0 32	0 94
5 kil. de paille hachée.	0 11	0 87
Total	1 kil. 13	2 kil. 99

Il serait facile de multiplier et de varier les exemples de ce genre ; ceux qui précèdent suffisent pour donner une idée de la marche à suivre dans des cas analogues.

La principale circonstance qu'il ne faut pas perdre de vue, c'est le cas d'insuffisance trop prononcée de l'une ou de l'autre des deux sortes de principes essentiels pour la nutrition : les principes plastiques et les principes respiratoires.

Par exemple, les 132 kilogrammes 1/2 de navets, qui constituent l'équivalent de 16 kilogrammes de foin normal, présentent un déficit de carbone de 1 kilogramme 1/3, et contiennent 121 kilogrammes 1/2 d'eau. La plupart des autres racines sont dans le même cas. Par suite de cette insuffisance de carbone et de cette énorme proportion d'eau, les racines ne sauraient composer uniquement la base de l'alimentation du cheval, ni même de celle de la vache laitière, quoiqu'il faille à celle-ci une assez forte ration d'eau.

En résumé, une ration alimentaire peut être insuffisante par diverses causes :

1° Si elle ne contient pas une quantité de principes

azotés suffisante pour réparer les pertes qu'en fait l'organisme ;

2° Si les matières digestibles ne renferment pas le carbone nécessaire pour remplacer celui qui est brûlé dans la respiration, ou rendu par les excré-tions ou sécrétions ;

3° Si les aliments ne sont pas assez chargés de sels, et en particulier de phosphates, pour restituer à l'économie ceux des principes qui en sont continuel-lement expulsés ;

4° Enfin, si la ration n'est pas assez riche en ma-tières grasses pour suppléer à celles qui sont entraî-nées par le lait et par les autres sécrétions.

C'est ainsi que la nourriture devient insuffisante quand la proportion de matière azotée contenue dans la ration journalière est au-dessous de :

1 kil. 20 pour une vache laitière de . . . **600 kil.**

1 kil. » pour un cheval de travail de . . **500**

0 kil. 90 pour un cheval de travail de . . **400**

0 kil. 12 pour un porc de **85**

Dans le cas le plus général, quand on fait un usage presque exclusif des fourrages, la ration contient, en principes digestibles, une quantité de carbone bien supérieure à celle que perd l'animal auquel on la destine. Dans de telles conditions, l'on peut parfaitement faire usage des équivalents basés sur la richesse en matières azotées ; mais c'est pres-que le seul cas dans lequel puissent se faire à coup sûr sans inconvénient, de pareilles substitutions.

CHAPITRE XVI

Observations générales sur les fourrages qui constituent la ration

La qualité des fourrages désignés sous le même nom, est susceptible de grandes variations, et nous en avons vu des exemples assez remarquables dans les tableaux destinés à représenter approximativement leur valeur nutritive.

La nature du sol et le climat peuvent, sous ce rapport, exercer une influence différentielle très-prononcée. C'est ainsi que les foins de prés humides sont bien loin d'avoir la qualité des foins de prés hauts, et que ceux des régions septentrionales sont beaucoup moins nutritifs que ceux du Midi.

Deux causes principales peuvent rendre compte de cette différence : d'abord la composition des foins des prairies hautes est plus variée que celle des foins de prés bas et humides, et, par suite, les premiers sont plus recherchés par les animaux, qui s'accommodent volontiers de cette plus grande variété ; d'un autre côté, l'herbe des prairies hautes et sèches est plus fine, sa texture est plus serrée, elle a une saveur plus aromatique, elle contient moins d'eau, elle est formée d'espèces plus succulentes. Moins haute que celle des prairies basses et humides, elle a plus d'analogie avec les sommités des plantes auxquelles nous avons reconnu précédemment une valeur nutritive bien supérieure à celle des plantes entières de même espèce d'une hauteur considérable.

On dit, dans certains pays, que *le foin de montagne porte son avoine avec lui*. Il est inutile d'ajouter qu'il doit y avoir, et qu'il y a effectivement, entre la qualité et la vigueur des animaux de même espèce, dont les uns se nourrissent de foin de bonne qualité, et dont les autres consomment des foins de marais, une différence considérable. C'est bien le cas de dire, avec M. Richard (du Cantal) : *Dis-moi ce que tu manges, et je te dirai ce que tu es.*

Parmi les fourrages produits par les prairies artificielles, les plus habituels, comme les plus estimés, sont : le sainfoin, le trèfle et la luzerne.

Nous avons vu que le foin de luzerne coupée en fleurs, doit être, et est en effet, très-nutritif; que les regains le sont encore davantage. Le bon foin de luzerne est vert et non jaunâtre ; il est feuillu, ses tiges sont fines et il exhale une odeur agréable. M. Lefour dit, que la tige en est plus nourrissante que les feuilles ; mais nous pensons que cette opinion repose sur des données qui auraient besoin de vérification, parce qu'elle n'est

pas généralement répandue parmi les bons praticiens, et qu'elle ne saurait être justifiée par des
vues théoriques.

Nous ferons, à cette occasion, une observation qui
s'appliquera aussi au trèfle et au sainfoin, et qui permettrait, jusqu'à un certain point, d'expliquer ces
dissidences d'opinions.

Lorsque les foins artificiels sont un peu gros, leur
dessiccation, pendant le fanage, est assez difficile ; et,
par suite de cette dessiccation incomplète, ou du
moins insuffisante, ils peuvent dégager, pendant la
légère fermentation qu'ils éprouvent dans le fenil,
une quantité d'humidité plus ou moins considérable
qui facilite, surtout à la surface des feuilles, le développement de moisissures plus ou moins abondantes :
il en résulte une diminution notable dans la qualité
nutritive du fourrage, et celui-ci devient en outre
moins appétissant. Les feuilles sont plus sèches que
les tiges ; elles présentent plus de surface proportionnellement à leur poids : il peut donc arriver qu'elles
absorbent une partie de cette humidité exhalée par
les tiges ou abandonnée par l'atmosphère. Elles sont
plus riches en matière azotée ; or, l'expérience a depuis longtemps appris que, sous l'influence de l'humidité, les substances les plus riches en azote sont
aussi les plus facilement altérables. L'on comprend
donc facilement que, si le fourrage n'est pas fané et
rentré dans de bonnes conditions, les feuilles puissent, par suite d'une altération plus ou moins pro-
fonde, perdre beaucoup de leur valeur normale ; et

nous rappellerons encore une fois que, lorsqu'il
s'agit de fourrages nouvellement récoltés, le plus
feuillu est le plus estimé sur le marché.

La *luzerne* convient à tous les animaux qu'on ne
pousse pas à la graisse. Arthur Young dit qu'elle
pousse au lait et à la crème ; cependant, comme toutes
les légumineuses, donnée aux vaches en trop grande
proportion, elle peut communiquer au lait et au
beurre un goût désagréable plus ou moins prononcé.
Columelle et les auteurs agronomiques latins qui
l'ont suivi, disaient déjà que la luzerne produit beaucoup de sang (1).

Le *sainfoin* passe pour être le fourrage le plus sain
qui existe, et c'est même ce qui paraît lui avoir valu
son nom *sainfoin*. Schwertz le nomme le roi des
fourrages. Il passe pour activer la production de la
graisse et du lait, auquel il ne communique aucun
mauvais goût. On a dit que sa graine est trois fois
plus nutritive que l'avoine pour les chevaux ; si
nous consultons, page 97, le tableau qui indique
leur richesse en matière azotée, nous trouvons qu'effectivement, à poids égal, la graine de sainfoin est
près de trois fois aussi riche que l'avoine.

Le *trèfle incarnat*, trèfle d'Espagne ou de Roussillon, est plus souvent consommé en vert qu'à l'état
de fourrage fané. Suivant Pictet, lorsqu'il est monté
en graines, sa paille vaut encore le foin ordinaire ;

---

(1) ... *Multum creat sanguinem.* (COLUMELLA, lib. II, cap. XI.)

suivant d'autres, et c'est le plus grand nombre, elle est dure, ligneuse, déplaisante pour les animaux, et bonne tout au plus à servir de litière. Il est probable que les expérimentateurs n'ont pas opéré sur la même qualité de fourrage. J'ai constaté moi-même que la paille du trèfle incarnat battu, ne vaut guère mieux que la paille des céréales, comme fourrage.

L'on fait encore consommer souvent les *vesces*, *pois*, *gesses*, etc., fanés, conservant tout ou partie de leurs graines plus ou moins mûres ; leur valeur, comme fourrage, varie beaucoup, suivant l'abondance et la maturité de la graine, suivant son état de conservation ; car les insectes la détériorent souvent sur une échelle considérable. Les gesses ou jarras ne conviennent pas au cheval, et doivent être consommées par les moutons (1).

On réserve aussi pour ces derniers les *feuillards*, branches garnies de leurs feuilles, que l'on coupe vers la fin de l'été, et que l'on sèche comme les fourrages, telles sont les branches de mûrier, d'orme, de frêne, de coudrier, de peuplier, la partie supérieure des bourgeons de vigne, etc. Block regarde les feuilles du peuplier du Canada comme équivalant au meilleur foin de pré naturel. Les analyses que nous en avons faites, ainsi que celles des feuilles d'ormes, paraissent venir à l'appui de cette opinion.

_____

(1) On accuse la graine d'être la cause de maladies très-graves pour le cheval.

En présence de la haute valeur, comme aliment, des fourrages de prairies artificielles, valeur constatée par une longue expérience des cultivateurs dont les chevaux n'en consomment pas d'autres, on avait lieu d'être surpris que ces fourrages ne fussent admis qu'exceptionnellement, dans les fournitures militaires pour la nourriture des chevaux de nos armées.

Dans une longue série d'expériences faites sous la direction de la Commission supérieure d'hygiène vétérinaire, il y a une vingtaine d'années, sur un effectif de plus de 27,000 chevaux, répartis dans soixante-trois régiments de cavalerie et d'artillerie, on a reconnu :

1° Que les foins de prairies artificielles introduits dans la ration, soit exclusivement, soit concurremment avec celui de pré, ont contribué positivement à améliorer la santé, à augmenter la vigueur des chevaux de l'armée ;

2° Que *les foins de prairies artificielles peuvent, sans inconvénient pour la santé des chevaux, devenir leur nourriture exclusive,* SANS AVOINE, *ce qui ne pouvait avoir lieu dans le cas des foins de pré de qualité ordinaire ;*

3° Que les chevaux nourris de trèfle et de luzerne ont conservé leur embonpoint et leur vigueur ; que ceux dont le sainfoin constituait la seule nourriture ont éprouvé dans leur état une amélioration sensible ;

4° Que ces trois fourrages doivent être classés,

d'après leur valeur pratique, dans l'ordre suivant :
sainfoin, luzerne, trèfle (1) ;

5° Que les feuilles et les tiges de ces fourrages peuvent être données aux chevaux séparément sans inconvénient.

On a cependant remarqué que le trèfle, employé comme nourriture exclusive, déterminait un accroissement sensible de l'abdomen, ce qui n'a pas eu lieu d'une manière appréciable dans le cas du sainfoin.

La commission fit, à Paris, les expériences suivantes sur six chevaux du 3ᵉ régiment de lanciers :

— L'un, reçut des feuilles de sainfoin pour unique nourriture ;

— L'autre, des feuilles de luzerne ;

— Le troisième, des feuilles de trèfle ;

— Les trois autres reçurent chacun les tiges de l'un de ces fourrages (une seule espèce). Ce régime a duré six mois.

Les militaires chargés de la surveillance de ces chevaux, qu'on isolait avec soin l'un de l'autre, ont remarqué que les tiges étaient plus recherchées que les feuilles. Les trois chevaux nourris aux feuilles ont conservé leur embonpoint et leur vigueur ; ceux

---

(1) C'est précisément l'ordre dans lequel nous avons été conduit à les classer (p. 67 et 69), car les expériences dont il s'agit ici ont été faites avec la variété de la petite graine.

qui ont vécu de tiges ont en outre éprouvé une amélioration sensible (1).

Si, malgré ces résultats positifs, les foins de prairies artificielles ne sont pas plus fréquemment employés dans des régiments de cavalerie, c'est que, pendant les remaniements dont ces fourrages sont l'objet, il se produit beaucoup de fleurain dont la distribution pourrait occasionner quelques embarras dans le service, et dont la forte proportion ne pourrait être cependant négligée sans perte considérable.

Les règlements militaires proscrivaient également l'usage des fourrages nouveaux avant le 1er septembre dans le Midi, et avant le 1er octobre dans le nord de la France. Les expériences faites sous la direction de la commission, ont montré que les foins nouveaux ne sont pas moins bons que les autres pour les chevaux de troupe.

Il en a été de même pour l'avoine nouvelle, dont ces mêmes règlements défendaient l'usage pendant les deux mois qui suivent immédiatement la récolte.

Le seul inconvénient qu'on y ait trouvé, si c'en est un, c'est quelle était supérieure en qualité à l'avoine

---

(1) Il resterait maintenant à savoir plusieurs choses :

1o Si toutes les feuilles étaient consommées à chaque repas ;

2o Si elles n'étaient pas un peu poudreuses, et si elles étaient bien exemptes de moisissures ;

3o Si les feuilles et les tiges étaient données poids pour poids et au même état de dessiccation.

N'ayant pas eu sous les yeux le travail même de la Commission, je suis obligé de rester dans le doute sur chacune de ces questions.

de l'année précédente, et qu'elle donnait, à rations égales, plus de feu aux chevaux qui la consommaient.

Il résulte également d'expériences comparatives faites avec l'orge et le seigle que, lorsqu'on donne le choix aux animaux, ils préfèrent l'orge, et que les chevaux nourris avec l'orge ont plus d'énergie que ceux qui consomment du seigle (1).

Puvis avait annoncé que le seigle, cuit jusqu'à rupture de l'enveloppe du grain, peut remplacer un volume d'avoine égal au sien dans la nourriture du

---

(1) La Commission supérieure d'hygiène vétérinaire a proposé l'établissement de nouvelles rations, dans lesquelles est permise la substitution du sainfoin et de la luzerne au foin de pré naturel. Voici ces nouvelles rations :

CAVALERIE LÉGÈRE

Foin ou fourrage artificiel.	3 kil.	»	équivalant en foin à 3 kil.	»	
Avoine	3	80	—	5	84
Paille.	5	»	—	1	27
				10	11

CAVALERIE DE LIGNE

Foin, trèfle ou luzerne	3 kil.	»	équivalant en foin à 3 kil.	»	
Avoine	4	»	—	6	15
Paille.	4	»	—	1	27
				10	42

CAVALERIE DE RÉSERVE

Foin, trèfle ou luzerne	4 kil.	»	équivalant en foin à 4 kil.	»	
Avoine	4	20	—	6	46
Paille	5	»	—	1	27
				11	73

On a diminué de 1 kilogramme la dose de foin des anciennes rations, et on y a substitué 660 grammes d'avoine.

cheval. En reprenant les expériences de Puvis,
M. Boussingault a reconnu que le seigle peut en
effet remplacer l'avoine, mais employé dans la proportion de son équivalent. L'expérience a été faite
sur une plus large échelle par M. Dailly, qui a nourri
avec avantage au seigle les chevaux de la poste de
Paris, à une époque où le prix de l'avoine, comparé
à celui du seigle, permettait la substitution.

Supposons, par exemple, que l'hectolitre d'avoine
pesant 51 kilogrammes se vende 13 fr. 50., et
l'hectolitre de seigle pesant 73 kilogrammes, 18 fr.
Le seigle contenant 18 grammes d'azote par kilogramme, l'hectolitre en contiendra 1 kilogramme
314 grammes. L'avoine contenant 13 grammes 5 décigrammes d'azote par kilogramme, 1 hectolitre
d'avoine en contiendra 688 grammes. Si 1 kilogramme 314 grammes d'azote se paient dans le seigle 18 fr., 1 kilogramme se paiera 13 fr. 62 c. ; si
688 grammes d'azote se paient dans l'avoine 13 fr.
50 c., le kilogramme se paiera 19 fr. 62 c.; ou plutôt
se sont les poids équivalents de ces deux substances
alimentaires qui se paieront dans le rapport de 13 fr.
62 c, à 19 fr. 62 c. ; c'est-à-dire qu'il y aurait alors
avantage à se servir du seigle. L'avantage resterait
au contraire à l'avoine, si, le seigle restant au même
prix, celui de l'hectolitre d'avoine descendait au-
dessous de 9 fr. 37 c.

D'après Lelieur, le *maïs-fourrage* serait un des aliments les plus substantiels, et contiendrait, fané,
plus de 3 p. 100 d'azote. Dans certaines parties de

l'Autriche, ce fourrage constitue la base de la nourriture d'été pour le bétail.

Aux divers fourrages dont on fait usage depuis
longtemps, on a proposé d'ajouter, il y a quelques
années, le *sorgho* à sucre, à l'occasion duquel on a
dit du bien et du mal. Disons d'abord que les accu-
sations qu'on a fait peser sur lui de météoriser les
animaux et de leur occasionner des maladies graves
et subites, ne paraissent pas fondées sur des faits
bien établis.

Mais ce qui paraît plus certain, c'est le mérite réel
du sorgho comme fourrage, lorsqu'on le fait consommer en vert ; seulement, dans le nord de la France,
sa culture est un peu chanceuse, et dans le Midi
on trouve plus d'avantage à le laisser mûrir pour en
extraire le sucre.

Enfin, nous citerons encore le *mélilot*, dont on a dit
trop de bien et trop de mal, et qui est, en définitive,
un bon fourrage pour les animaux d'espèces ovine
et bovine, mais qu'on n'a pas encore cultivé seul et
sans mélange.

Nous avons déjà vu que les racines, employées
seules, ont le grave inconvénient d'introduire dans les
organes digestifs, un très-grand excès d'eau, puisqu'une ration de navets équivalant à 15 kilogrammes
de foin, par exemple, contient de 120 à 160 kilogrammes d'eau ; tandis que le foin fané n'en contient
que 1 kilogramme 650 grammes, et le foin vert fau-
chable 45 kilogrammes, sur une ration de 60 kilogrammes de vert représentant 15 kilogrammes de
foin sec fané.

L'herbe verte peut constituer une alimentation normale, sans que les animaux qui la consomment éprouvent un sensible besoin de boire, tandis que la même herbe sèche exige qu'on leur donne à boire, ce qui introduit dans l'organisme un supplément notable de matières salines dont il est important de tenir compte dans des expériences d'une grande précision. Quant aux navets, aux turneps et aux rutabagas, à raison de l'énorme proportion d'eau qu'ils renferment, ils ne doivent jamais servir d'une manière exclusive à l'alimentation du bétail pendant longtemps, mais être associés à des fourrages secs. Il en est de même des betteraves et des carottes, qui améliorent cependant d'une manière notable la sécrétion du lait et la qualité du beurre, et peuvent entrer aussi avec avantage dans la ration des brebis portières.

Il est, en dehors des fourrages habituels, une foule d'herbes que l'on peut donner en nourriture aux animaux : telle est, par exemple, la chicorée sauvage, que l'on fait quelquefois consommer en vert par les vaches à lait ; mais son usage ne doit être ni abondant ni continué longtemps sans interruption, dit Tessier, car les animaux prennent alors en même temps un aliment et un médicament. Les vaches laitières auxquelles on donnerait pendant quelque temps de la chicorée sauvage pour seule nourriture, ne donneraient plus qu'un lait d'un goût désagréable et des fromages amers.

Souvent les animaux, guidés par l'odorat et le

goût, refusent les aliments qui pourraient leur nuire ;
cependant, le fanage, la cuisson, le mélange avec
d'autres substances, peuvent les tromper. On pourrait aussi les accoutumer progressivement à consommer des aliments qu'ils refusaient d'abord. Il
peut donc être utile de connaître les plantes nuisibles les plus usuelles, afin de les détruire dans
les prairies, ou au moins les éloigner autant que
possible des animaux. Voici la liste des plus communes : *colchique* d'automne ; *ellébore* blanc ; *aris-
toloche* des vignes ; *persicaire* ou *poivre d'eau ; gras-
sette* commune ou *tue-brebis ; pédiculaire ; belladone ;
jusquiame morelle ;* petite et grande *ciguë ; ache*
d'eau ; la plupart des *renoncules ;* les *euphobes ;* l'*if.*

Plusieurs plantes qui sont nuisibles à l'état vert
perdent tout ou partie de leurs propriétés nuisibles
par la dessiccation ou par la cuisson : la *renoncule
âcre,* la *clématite,* la *coronille bigarrée,* etc., sont de
ce nombre.

Parmi les graines nuisibles les plus communes, on
trouve : l'*ivraie ;* la *rougeolle* ou *mélampyre ;* les grains
ergotés ou *cariés,* etc.

Nous terminons ce chapitre par deux exemples
usuels de discussions relatives aux avantages que
le cultivateur peut trouver à faire consommer tel
ou tel fourrage dans des circonstances données.

Supposons qu'il s'agisse de choisir entre le foin
ordinaire de pré naturel et le sainfoin grande graine,
l'un et l'autre de bonne qualité moyenne ordinaire :
leur prix diffère ordinairement peu sur nos marchés ;

mais l'un ne contient qne 11 grammes 5 décigrammes d'azote par kilogramme, c'est le foin ; l'autre en contient 14 grammes 8 décigrammes. Il est donc plus avantageux.

S'agit-il, au contraire, du sainfoin petite graine au prix de 50 fr. les 750 kilogrammes et du foin de pré au prix de 40 fr. ? Si nous admettons, et en le faisant nous sommes bien près de la vérité, que les pouvoirs nutritifs de ces fourrages sont proportionnels à leur richesse en matière azotée, comme le sainfoin petite graine contient 18 grammes 5 décigrammes d'azote par kilogramme, tandis que le foin de pré n'en contient que 11 grammes 1/2, les pouvoirs nutritifs de ces deux fourrages seront entre eux, à poids égal, comme les nombres 11,5 et 18,5. En admettant qu'on les emploie dans le rapport de leurs équivalents, il s'agit de savoir si ce rapport diffère de celui de leurs prix, et dans quel sens. Or, dans la supposition que nous avons faite, 100 kilogrammes de foin valent 5 fr. 33 c., tandis que leur poids équivalent (62 kilogrammes 1/4) de sainfoin ne vaut que 4 fr. 15 c. Il y aura donc, dans l'emploi de ce dernier, un avantage notable qui s'élève à 20 p. 100.

Ces deux exemples, joints à celui dans lequel nous comparions l'emploi du seigle à celui de l'avoine, suffisent pour donner une idée de la marche à suivre dans les discussions de cette nature, qui mériteraient bien de fixer plus souvent l'attention des bons praticiens.

CHAPITRE XVII

Observations sur le trèfle incarnat et sur les accidents auxquels il peut donner lieu

Dans une note fort intéressante, MM. Girardin et Malbranche ont signalé l'existence de *pelotes* légères, de 4 à 8 centimètres de diamètre, dans l'estomac de jeunes poulains dont la mort leur paraissait devoir être attribuée à l'usage du trèfle incarnat *(farrouch, trèfle de Roussillon, trèfle d'Espagne,* etc.)

Ces pelotes, analogues aux égagropiles des ruminants, en diffèrent, suivant les habiles observateurs que je viens de citer, en ce que les villosités du calice du trèfle incarnat y remplacent les poils animaux qui forment la base des véritables égagropiles.

MM. Girardin et Malbranche ont observé que des juments au piquet n'ont offert aucun cas d'accident de ce genre ; tandis que beaucoup de leurs poulains, qui broutaient en liberté les épis fleuris du trèfle incarnat, tombaient malades et périssaient peu de temps après, sous l'influence pernicieuse de ces pelotes qui obstruaient le canal digestif et occa-

12

sionnaient dans les fonctions un trouble mortel.

Cailleux, qui avait déjà observé et signalé depuis longtemps des accidents de ce genre sur des poulains de la plaine de Caen, avait remarqué que ces accidents se manifestent plus spécialement au moment où le trèfle incarnat est presque complètement défleuri, et beaucoup plus rarement lorsque la plante est moins avancée dans son développement.

Suivant cet habile vétérinaire, les nombreux accidents de toute nature qu'il a pu observer dans la plaine de Caen ne doivent être attribués qu'exceptionnellement à la formation de ces faux égagropiles, attendu que les symptômes de la maladie à laquelle avaient succombé les animaux n'étaient pas ceux qui devraient résulter d'une obstruction de l'intestin par un corps étranger : ils lui ont paru résulter plutôt d'une trop grande plasticité du sang.

Avant de chercher si l'analyse chimique pourrait fournir à la médecine vétérinaire quelques renseignements susceptibles de jeter du jour sur cette question, rappelons-nous d'abord, que ce n'est pas lorsque le trèfle est à peine en fleurs, que l'on observe les accidents dont il est question ; que ce n'est pas non plus lorsque les poulains sont rationnés d'une manière judicieuse, ou lorsque le fourrage vert, plus ou moins avancé, leur est donné haché ; que c'est au contraire principalement lorsque le fourrage, plus avancé, plus dur, est devenu moins appétissant, et qu'on donne à discrétion aux jeunes chevaux ce ourrage qu'on ne songe plus à ménager, parce qu'il

est sur le point d'être remplacé par du fourrage
meilleur et plus tendre. Les poulains, servis à discrétion ou laissés en liberté dans la pièce de fourrage, se contentent alors de brouter les épis défleuris,
où la graine est déjà formée, et font litière du reste.

C'était donc surtout ces épis qu'il importait d'examiner, pour se placer dans les conditions où les accidents se produisent le plus habituellement.

Il pouvait être intéressant aussi d'établir une comparaison, non-seulement entre les différentes parties
du trèfle défleuri, mais encore entre les différents
échantillons du même fourrage pris à divers états de
développement.

Pour faciliter les rapprochements et les comparai-
sons, nous avons réuni dans un petit tableau d'ensemble, les divers résultats d'analyses :

ÉTAT DU TRÈFLE	EAU par kilogr.	MATIÈRE sèche.	AZOTE par kilogramme
	gr.	gr.	gr.
Trèfle commençant à fleurir. . .	864	136	3,3
— fané à 20 p. 100 d'eau . .	200	800	19,4
Trèfle en pleine fleur.	820	180	4,4
— fané à 20 p. 100.	200	800	19,4
Trèfle complétement défleuri . .	795	205	4,5
— fané à 20 p. 100	200	800	17,4
— feuilles et épis défleuris du précédent. .	699	301	10,2
— — fanées à 20 p. 100 .	900	800	27,0
— tiges seules	836.5	163,5	2,0
— — fanées à 20 p. 100 .	200	800	4,8

Si nous admettons maintenant que deux animaux semblables consomment le même poids d'aliments ; si nous supposons que, pour le premier, cette ration se compose de trèfle incarnat vert, *entier*, en fleurs, cette ration contiendra de 3 grammes 1/2 à 4 grammes 1/2, soit, en moyenne, 4 grammes d'azote par kilogramme de fourrage, tandis que, si la ration du second se compose exclusivement d'épis fleuris, il y trouverait plus de 10 grammes d'azote par kilogramme, c'est-à-dire, plus de *deux fois et demie* ce qu'on en trouve dans le même poids de trèfle entier simplement fleuri.

Les éléments constitutifs de la ration ne sont donc pas en mêmes proportions dans les deux cas ; *ces deux rations n'ont de commun que* LEUR POIDS *et le nom du fourrage qui les compose.*

Il en résulte que si un animal, recevant *à discrétion* du trèfle incarnat, *choisit de préférence les épis défleuris*, et laisse le reste du fourrage, il consomme alors un aliment trop substantiel, qui peut modifier d'une manière notable la constitution chimique et la plasticité de son sang, et, par suite, déterminer des accidents en rapport avec ces modifications.

Tout en reconnaissant donc, avec MM. Girardin et Malbranche, qu'une alimentation dont les épis de trèfle incarnat formeraient presque exclusivement la base, peut occasionner des accidents chez les jeunes chevaux, par suite de la production de pelotes formées dans l'intestin par les matières tomenteuses de ces fleurs, nous sommes conduits, par l'analyse chimique, à reconnaître qu'une pareille alimentation peut occasionner des accidents d'un autre genre.

En effet, les épis défleuris du trèfle incarnat, consommés seuls et à discrétion, constituent une ration beaucoup plus substantielle que la plupart des fourrages verts, et peuvent contribuer ainsi à augmenter la plasticité du sang. comme l'a observé Caillieux dans les accidents dont il a été souvent témoin.

L'analyse chimique du trèfle incarnat, d'accord avec les sages prescriptions des bons praticiens, nous montre qu'il est permis de penser que l'on éviterait ces inconvénients en rationnant d'une manière judicieuse les animaux, ou, mieux encore, en faisant préalablement hacher le fourrage, pour en mêler les diverses parties avant de le servir aux animaux.

Nous ajouterons encore que, comme fourrage vert, les *tiges nues* de trèfle incarnat défleuri constituent, au contraire, l'un des plus pauvres fourrages que l'on connaisse.

12.

CHAPITRE XVIII

Considérations générales sur les différences de valeur alimentaire que l'on peut observer dans des fourrages désignés sous le même nom. — Influence que peuvent exercer, sur certaines maladies de sang, les fourrages très-nutritifs de certains pays.

Il ne suffit pas de savoir le nom du fourrage qui doit servir de nourriture à un animal, pour qu'il soit possible de se faire une idée exacte de la valeur alimentaire de ce fourrage, même en admettant qu'il n'ait éprouvé aucune avarie.

En effet, si nous jetons un coup d'œil sur le tableau des pages 66 à 69, nous y voyons des foins de prairie naturelle dont les poids équivalents sont représentés par des nombres qui varient depuis 58 jusqu'à 100, c'est-à-dire presque du simple au double. Nous y voyons de même des luzernes dont les poids équivalents sont représentés, l'un par le nombre 48, l'autre par le nombre 69 : différence, 44 p. 100. Nous y voyons encore des fourrages, désignés sous le nom de trèfles, dont les poids équivalents diffèrent l'un de l'autre, comme le nombre 66 diffère du nombre 38, c'est-à-dire, que cette différence s'élève à 74 p. 100. Enfin, le même tableau nous montre des fourrages, désignés sous le nom de sainfoin, venus sur le même sol, la même année, dont les poids équivalents présentent encore de bien plus grandes différences, puisque l'un est représenté par 79, et l'autre par 31 ; c'est une différence de 155 p. 100 , en d'autres termes, 100 kilogrammes de l'un représenteraient 255 kilogrammes de l'autre.

Ces énormes différences ne peuvent être mises, ni sur le compte d'un défaut de qualité dans les fourrages, ni sur le compte d'une plus ou moins grande quantité d'humidité, ni enfin sur une différence d'habilité dans l'expérimentateur. Les fourrages dont il est ici question contenaient la même quantité d'humidité (20 p. 100) ; tous avaient été récoltés et fanés dans de bonnes conditions ; enfin, ils ont été analysés par la même personne. Il résulte évidemment de là que, si le nom d'un fourrage peut faire pressentir certaines propriétés spéciales, il ne saurait nullement rappeler sans réserve à l'esprit une valeur alimentaire déterminée. L'incertitude est généralement bien plus grande, lorsqu'il s'agit de fourrages récoltés sur des prairies artificielles, que lorsqu'il s'agit du foin provenant de prairies naturelles.

Les observations qui précèdent se rapportent à

des fourrages fanés. Quelques citations suffiront pour nous montrer que les fourrages verts de même nom peuvent nous offrir des différences du même ordre. Jetons en effet les yeux sur le tableau qui représente les poids équivalents des fourrages verts (*voir p.* 92 et suivantes) ; nous y voyons le poids équivalent de la luzerne varier de 169 à 213, c'est-à-dire, de 26 p. 100. Nous y voyons de même le poids équivalent du trèfle varier de 173 à 267, c'est-à-dire de 54 p. 100. Enfin, le poids équivalent du sainfoin nous offre des différences bien plus grandes encore, puisqu'il varie de 99 à 245, c'est-à-dire de 147 p. 100.

Ici, comme dans le cas des fourrages fanés, la différence ne peut être attribuée à des causes étrangères ; les fourrages ont été examinés par le même observateur, immédiatement après la coupe, et sortant des champs qui les avaient produits.

Ces différences sont donc naturelles ; elles sont fréquentes ; elles doivent donc aussi nécessairement exercer une influence réelle sur les animaux auxquels sont servis des aliments de composition et de valeur si diverses.

Ces différences peuvent-elles être prévues autrement que par l'analyse chimique ? Peut-on leur attribuer des causes générales ? Peut-on faire disparaître quelques-unes de ces causes ?

Chacune de ces questions est de la plus haute gravité. Il ne nous sera pas permis de les résoudre d'une manière complète ; cependant nous espérons, pour plusieurs d'entre elles, en pouvoir laisser entrevoir la solution.

Rappelons-nous qu'en examinant les différentes parties d'un même fourrage, nous avons constaté par l'expérience (pages 71 à 81) que ces différentes parties se classent dans l'ordre suivant, d'après leur richesse en principes azotés :

1o *Fleurs ;*

2o *Feuilles ;*

3o *Fourrage entier ;*

4o *Partie supérieure* des tiges dépouillées de leurs feuilles ;

5o *Partie inférieure* des tiges.

Nous pouvons maintenant ajouter que *ces différentes parties se classeraient encore dans le même ordre, d'après leur richesse en principes minéraux et surtout en* PHOSPHATES.

Comparons maintenant deux échantillons de fourrages d'une même espèce, de sainfoin, par exemple ; supposons que l'un des échantillons, que nous supposerons en pleine fleur, provienne d'un sol très-fertile, et qu'il ait acquis un développement considérable, une hauteur de 75 centimètres, par exemple.

Supposons que l'autre échantillon de sainfoin, en pleine floraison comme le premier, soit venu dans des conditions moins favorables et n'ait pu atteindre qu'une hauteur de 25 centimètres.

Nous avons reconnu, par un grand nombre d'analyses, qu'*à poids égal, ce dernier sainfoin sera beau-*

coup plus riche en matières azotées, plus riche en prin-
cipes minéraux que le premier, en les supposant tous
les deux au même état de dessiccation.

L'expérience a montré en outre que le premier,
beaucoup plus difficile à faner que le second, retient
encore presque toujours, après le fanage, une proportion d'humidité plus grande, nouvelle cause d'affai-
blissement de sa valeur nutritive.

Enfin, l'analyse chimique a constaté encore que
ces mêmes fourrages, considérés à l'état vert, contiennent
ordinairement des proportions d'eau différentes, et que la
proportion d'eau contenue dans le grand sainfoin est
plus considérable que celle que l'on trouve dans le petit ;
d'où cette conséquence, que *la différence de composi-*
tion chimique de ces fourrages de même nom et de même
espèce, est ordinairement plus grande encore à l'état vert
qu'à l'état sec.

Ce que nous venons de dire pour le sainfoin peut
s'appliquer au trèfle, à la luzerne, à tous les fourrages artificiels, et nous pourrions presque dire à
toutes les plantes, car nous l'avons constaté dans le
blé, dans le seigle, dans le sarrasin, et dans plusieurs
des plantes qui forment la base des prairies naturelles.

Si, prenant la question à un autre point de vue,
nous comparons deux *fourrages verts* parvenus à la
même taille, au même état de développement, en
fleurs, si l'on veut, celui qui aura poussé plus lente-
ment que l'autre, qui sera en quelque sorte plus âgé
que l'autre, sera le moins aqueux des deux, et sera

souvent aussi par cela même le plus riche, considéré
à l'état frais.

C'est ainsi qu'en examinant deux échantillons de
minette de même taille, l'un et l'autre en pleine floraison, mais dont l'un provenait d'une prairie fraîche
et l'autre d'un pré sec et haut, j'ai trouvé qu'à l'état
vert, 100 parties de la minette du pré sec équivalaient
à 134 parties de la minette du pré humide, tandis
qu'à l'état fané il ne fallait plus que 102 parties de la
seconde pour équivaloir à 100 de la première.

La différence de valeur à l'état vert est donc ici
presque entièrement imputable à la différence des
proportions d'humidité contenue dans les deux échantillons de fourrage.

Considérons, enfin, à diverses époques successives
de son développement, une même espèce de fourrage,
venue dans le même sol ; à poids égal, soit à l'état
vert, soit à l'état sec, si on le considère dans son entier, le fourrage sera généralement d'autant plus riche
qu'il sera moins avancé. Mais nous savons que c'est
surtout sur la tige que porte, à partir d'une certaine
époque, l'accroissement de la plante : nous sommes
donc ainsi conduits à considérer une tige de sainfoin
de 25 centimètres comme une sorte de représentation
approximative de la moitié supérieure d'une tige du
même sainfoin qui serait parvenue à 50 centimètres,
et l'analyse a prouvé que cette supposition n'est pas
bien éloignée de la vérité ; nous savons d'ailleurs que
c'est sur la moitié supérieure de la tige que se trou-

vent presque toutes les feuilles du trèfle, de la luzerne et du sainfoin.

Prenons maintenant deux animaux semblables,
d'égal appétit, d'égale taille, de constitution identique : si l'un se trouve parfaitement rationné avec
15 kilogrammes de notre grand sainfoin fané, de
75 centimètres, ou avec 48 kilogrammes du même
fourrage vert, il est de toute évidence que, si nous
donnons à l'autre 15 kilogrammes de notre petit
sainfoin fané, de 25 centimètres, il trouvera dans sa
ration beaucoup plus de principes plastiques azotés,
beaucoup plus de principes minéraux assimilables
que le premier n'en trouve dans la sienne.

Si la ration du premier était suffisante, celle du
second sera trop forte.

Nous savons que la différence sera plus grande
encore si nos deux animaux sont mis au fourrage
vert.

Si nous supposons que cet état de choses se prolonge, il est évident que, sous l'influence de cette
surabondance de principes plastiques et minéraux,
la constitution du sang du second animal devra différer notablement de celle du sang du premier ; si le
premier est dans son état normal, le second doit être
dans un état différent qui ne saurait se continuer
longtemps sans inconvénient ou sans danger pour
sa santé.

Nous venons de supposer que nous rationnons nous-
mêmes nos deux animaux. Si nous les laissons libres
de se rationner eux-mêmes, comme il est constaté

que, pour chaque espèce de plante, le petit fourrage est plus appétissant que le grand, soit à l'état vert, soit à l'état sec, la différence des régimes alimentaires sera encore plus grand, les chances d'accident seront encore plus à craindre.

Enfin, il en sera de même encore, si nos deux animaux consomment le même poids de fourrage pris sur le même champ, l'un consommant à l'étable ou au piquet le fourrage entier, tandis que l'autre, abandonné à lui-même en liberté, n'en consomme que les sommités.

Nous avons supposé nos deux animaux primitivement dans le même état ; mais si nous supposons que l'un deux, celui qui consommera le fourrage le plus riche, ait été mal nourri l'hiver, qu'il ait besoin de se refaire au printemps, il mangera davantage, il sera encore plus exposé aux accidents qui peuvent résulter de la trop grande plasticité du sang.

Si je ne me fais pas illusion, les réflexions qui précèdent doivent mettre sur la trace de *l'une des principales causes de mortalité des animaux d'espèce ovine et bovine des pays secs, ou plus généralement des pays où des fourrages et les* HERBES NE PARVIENNENT QU'A UNE HAUTEUR MÉDIOCRE.

On a quelquefois dit que la nature du sol est pour quelque chose dans cette mortalité ; sans doute le sol y est pour beaucoup, puisque, suivant son degré de fertilité, suivant un ensemble de circonstances propres à chaque région et à chaque culture, le même fourrage y parvient à des hauteurs différentes ; mais

13

ce qui semble prouver que la composition chimique du sol ne suffit pas pour expliquer le fait, c'est qu'on a vu souvent, nous pourrions dire presque toujours, *la mortalité diminuer ou même disparaître lorsque, par suite de défoncements ou de labours plus profonds, et sous l'influence d'engrais suffisants,* LES CHAMPS, DEVENUS PLUS FERTILES, SONT ARRIVÉS A PRODUIRE DES FOURRAGES DE PLUS GRANDE TAILLE, *quoique l'espèce de ces fourrages n'ait pas changé.*

On a vu généralement aussi, dans un même pays, la mortalité augmenter d'une manière notable, lorsque, par des causes diverses, et surtout par la sécheresse, les animaux avaient mangé à discrétion des herbes ou des fourrages moins développés en hauteur que l'habitude, ou moins aqueux, en les supposant parvenus à la même hauteur.

Des inconvénients en sens inverse se manifesteraient ; des accidents, des maladies d'un autre genre pourraient se développer par l'usage d'aliments renfermant en proportions moindres les principes plastiques et minéraux ; car alors, de deux choses l'une, ou l'animal ne recevrait que le même poids ou le même volume d'aliments, et alors il y aurait insuffisance ; ou bien il recevrait une ration contenant la même proportion d'azote et de principes plastiques ; mais alors, il trouverait dans sa ration une surabondance d'eau qui, à la longue, pourrait influer sur son tempérament.

On a souvent, par des combinaisons, par une alternance convenable, corrigé les défauts des aliments trop riches par ceux d'aliments trop pauvres en principes nutritifs, en conduisant alternativement les troupeaux dans des prairies sèches et dans des prairies humides.

On a encore souvent conjuré le mal, pour la race bovine, en été, en introduisant dans la ration les feuilles de betteraves, beaucoup plus aqueuses ; en hiver , en combinant , dans la ration , les racines aqueuses avec les fourrages secs trop substantiels (1).

Nous n'avons pas la prétention d'avoir fourni la solution complète de cette grave question qui préoccupe à un si haut degré l'attention des agronomes, et à l'étude de laquelle le gouvernement accorde aujourd'hui la plus grande sollicitude, mais nous sommes convaincu d'avoir signalé l'une des causes les plus actives du mal.

Que, dans les pays où, pour une cause quelconque, on n'a obtenu jusqu'à ce jour que des fourrages ne parvenant qu'à une faible hauteur, on améliore le sol en augmentant la profondeur de la couche meuble et la masse des engrais, et l'on y verra presque toujours la mortalité du bétail diminuer à mesure que les mêmes fourrages y viendront mieux, y parviendront à une plus grande hauteur.

---

(1) Voir, pour la marche à suivre dans l'établissement de ces rations, mes *Considérations sur l'alimentation du bétail*. 4e édition.

Que, dans les pays secs et fertiles, où les fourrages verts, moins aqueux, sont doués par cela
même d'un pouvoir nutritif trop considérable, on
allie, dans la ration destinée aux animaux, des
fourrages plus aqueux, comme les feuilles de betteraves en été, des racines en hiver, et la ration
ainsi modifiée se rapprochera davantage de la ration normale.

En d'autres termes, le mal que nous signalons ici
trouvera, suivant toute ressemblance, son principal
remède dans le perfectionnement des cultures des
pays actuellement soumis à sa déplorable influence,
et dans une plus grande variété dans le régime alimentaire (1).

---

(1) Voir mes *Études sur le sang de rate des animaux d'espèces ovine et bovine.*

FIN.

TABLE DES MATIÈRES

Evreux, A. Hérissey, imp. — 472.

Imprimé en France
FROC031104160919
22144FR00012B/217/P

9 782329 312286